Impressum
Verlag: BABADADA GmbH, Nedderfeld 112 , 22529 Hamburg
Geschäftsführer / Verlagsleitung: Harald Hof
Druck: Books on Demand GmbH, In de Tarpen 42, 22848 Norderstedt

Imprint
Publisher: BABADADA GmbH, Nedderfeld 112 , 22529 Hamburg, Germany
Managing Director / Publishing direction: Harald Hof
Print: Books on Demand GmbH, In de Tarpen 42, 22848 Norderstedt

դպրոց
σχολείο

σχολική τάξη
διαιρώ
186/2
πίνακας
σχολική αυλή
δάσκαλος
χαρτί
γράφω
στυλό
γραφείο
χάρακας
βιβλίο
μαθητής

պայուսակ

σχολική τσάντα

գրչատուփ

κασετίνα/ μολυβοθήκη

մատիտ

μολύβι

մատիտի սրիչ

ξύστρα

ռետին

γόμα

նկարչական ալբոմ

μπλοκ ζωγραφικής

Նկարչություն

ζωγραφική

վրձին

πινέλο

Ներկերի տուփ

κουτί χρωμάτων

մկրատ

ψαλίδι

սոսինձ

κόλλα

տետր

τετράδιο ασκήσεων

Տնային աշխատանք

εργασία για το σπίτι

թիվ

αριθμός

գումարել

προσθέτω

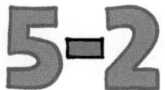

հանել

αφαιρώ

բազմապատկել

πολλαπλασιάζω

հաշվել

υπολογίζω

տառ

γράμμα

այբուբեն

αλφάβητο

բառ

λέξη

տեքստ
....
κείμενο

կարդալ
....
διαβάζω

կավիճ
....
κιμωλία

դաս
....
μάθημα

մատյան
....
εγγράφομαι

քննություն
....
τεστ

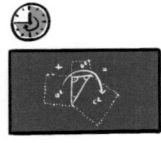

վկայական
....
πιστοποιητικό

դպրոցական համազգեստ
....
μαθητική στολή

կրթություն
....
εκπαίδευση

հանրագիտարան
....
εγκυκλοπαίδεια

համալսարան
....
πανεπιστήμιο

մանրադիտակ
....
μικροσκόπιο

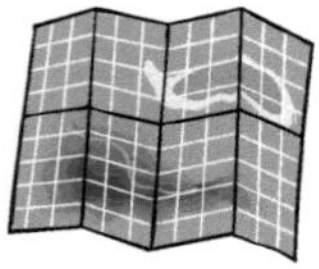

քարտեզ
....
χάρτης

աղբարկղ
....
καλάθι αχρήστων

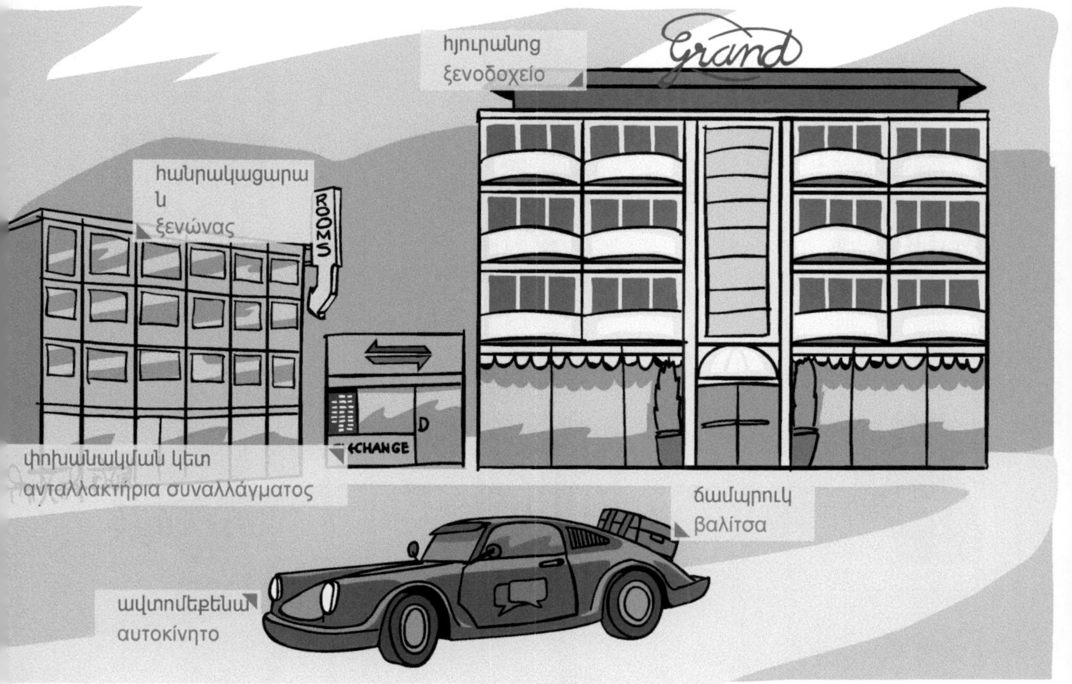

հյուրանոց
ξενοδοχείο
Grand
հանրակացարան
ξενώνας
ROOMS
փոխանակման կետ
ανταλλακτήρια συναλλάγματος
CHANGE
ճամպրուկ
βαλίτσα
ավտոմեքենա
αυτοκίνητο

լեզու
γλώσσα

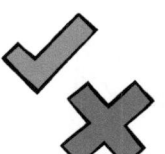

այո / ոչ
ναι / όχι

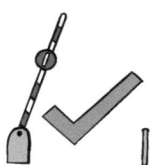

Լավ
εντάξει

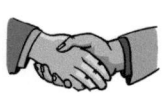

ողջույն
γεια σου

թարգմանիչ
μεταφραστής

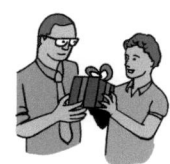

Շնորհակալություն
Ευχαριστώ

Որքան է ...?

πόσο κάνει ;

Ես չեմ հասկանում

Δε καταλαβαίνω

խնդիր

πρόβλημα

Բարի երեկո

Καλησπέρα!

Բարի լույս

Καλημέρα!

Բարի երեկո

Καληνύχτα!

ցտեսություն

Αντίο

ուղղություն

κατεύθυνση

ուղեբեռ

αποσκευές

պայուսակ

τσάντα

մեջքի պայուսակ

σακίδιο πλάτης

հյուր

καλεσμένος

սենյակ

δωμάτιο

քնապարկ

υπνόσακος

վրան

σκηνή

Զբոսաշրջության տեղեկատվական
τουριστικές πληροφορίες

լողափ
παραλία

ԿՐԵԴԻՏ քարտ
πιστωτική κάρτα

նախաճաշ
πρωινό

լանչ
μεσημεριανό

ճաշ
δείπνο

տոմս
εισιτήριο

վերելակ
ανελκυστήρας

կնիք
γραμματόσημο

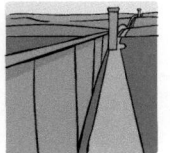

սահման
σύνορα

մաքսային
τελωνείο

դեսպանություն
πρεσβεία

մուտքի արտոնագիր
βίζα

անձնագիր
διαβατήριο

Փոխադրամիջոցներ
μεταφορά

ինքնաթիռ
αεροπλάνο
նավ
πλοίο
հրշեջ մեքենա
πυροσβεστικό όχημα
ավտոբուս
λεωφορείο
բեռնատար մեքենա
φορτηγό
ηχανοκίνητο σκάφος
հեծանիվ
ποδήλατο
ավտոմեքենա
αυτοκίνητο

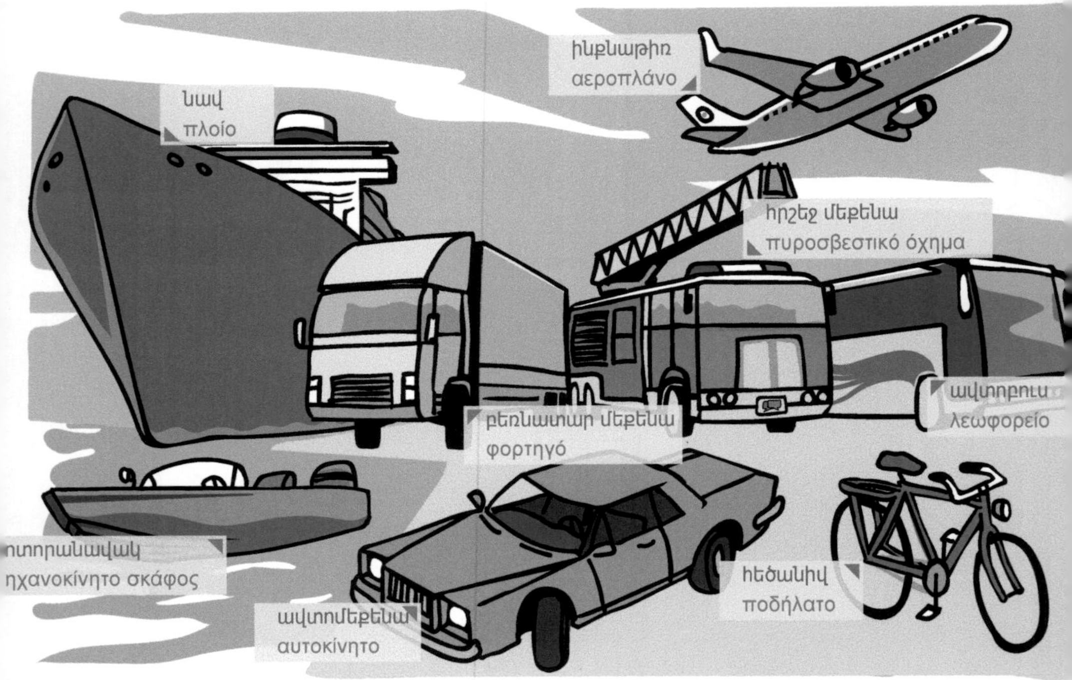

լաստանավ
φεριμπότ

նավակ
βάρκα

մոտոցիկլ
μοτοσικλέτα

ոստիկանության մեքենա
περιπολικό

մրցարշավային մեքենա
αγωνιστικό αυτοκίνητο

վարձակալվող մեքենա
ενοικιαζόμενο αυτοκίνητο

մեքենայի վարձակալում

ιαμοιρασμός αυτοκινήτων

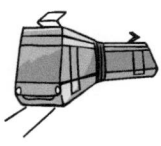

էվակուատոր

γερανός

աղբահանության մեքենա

απορριμματοφόρο

շարժիչ

κινητήρας

վառելիք

καύσιμο

բենզալցակայան

βενζινάδικο

երթևեկության նշան

πινακίδα σήμανσης

երթևեկություն

κυκλοφορία

խցանում

κυκλοφοριακή συμφόρηση

ավտոկանգառ

χώρος στάθμευσης

երկաթուղային կայարան

σιδηροδρομικός σταθμός

երկաթուղագիծ

σιδηροδρομικές γραμμές

գնացք

τρένο

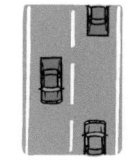

տրամվայ

τραμ

վագոն

βαγόνι

ուղղաթիռ

ελικόπτερο

օդանավակայան

αεροδρόμιο

աշտարակ

πύργος

ուղևոր

επιβάτης

աման

εμπορευματοκιβώτιο

խավաքարտ

χαρτοκιβώτιο

սայլ

καρότσι

զամբյուղ

καλάθι

հանեք / հողատարածք

απογειώνομαι / προσγειώνομαι

քաղաք
πόλη

գյուղ

χωριό

քաղաքի կենտրոնում

κέντρο της πόλης

տուն

σπίτι

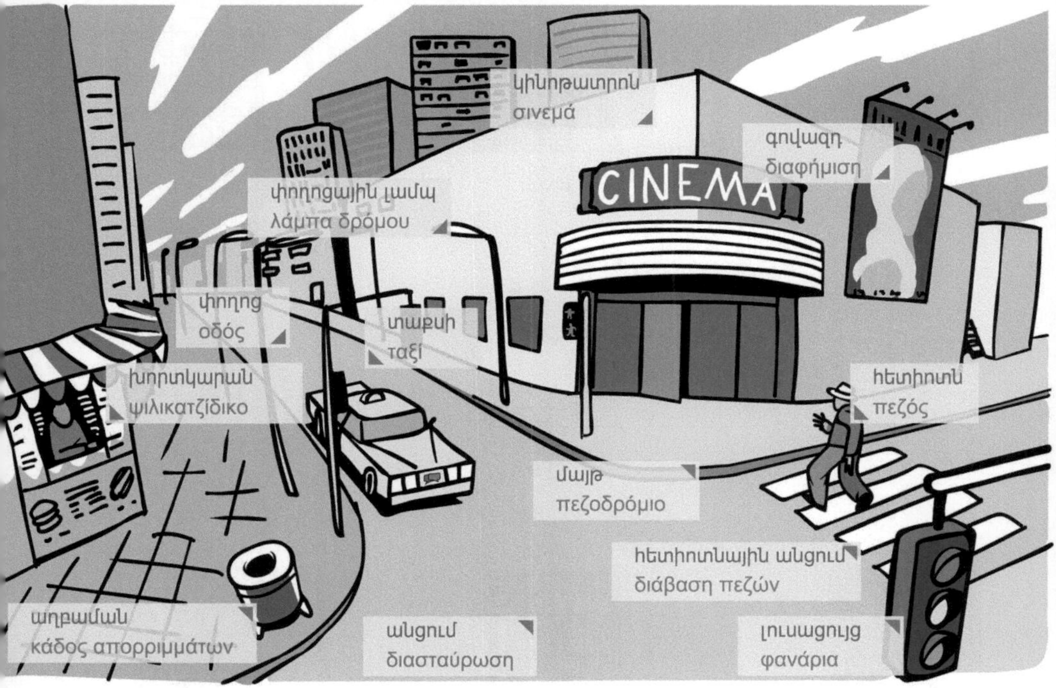

 կինոթատրոն / σινεμά

գովազդ / διαφήμιση

փողոցային լամպ / λάμπα δρόμου

փողոց / οδός

տաքսի / ταξί

խորտկարան / ψιλικατζίδικο

հետիոտն / πεζός

մայթ / πεζοδρόμιο

հետիոտնային անցում / διάβαση πεζών

աղբաման / κάδος απορριμμάτων

անցում / διασταύρωση

լուսացույց / φανάρια

խրճիթ
καλύβα

բնակարան
διαμέρισμα

երկաթուղային կայարան
σιδηροδρομικός σταθμός

քաղաքապետարան
δημαρχείο

թանգարան
μουσείο

դպրոց
σχολείο

համալսարան

πανεπιστήμιο

բանկ

τράπεζα

հիվանդանոց

νοσοκομείο

հյուրանոց

ξενοδοχείο

դեղատուն

φαρμακείο

գրասենյակ

γραφείο

գրքույկ խանութ

βιβλιοπωλείο

խանութ

κατάστημα

ծաղկի խանութ

ανθοπωλείο

սուպերմարկետ

σούπερ μάρκετ

շուկա

αγορά

հանրախանութ

πολυκατάστημα

ձկան խանութ

ιχθυοπωλείο

առևտրի կենտրոն

εμπορικό κέντρο

նավահանգիստ

λιμάνι

զբոսայգի
....
πάρκο

բանկերը
....
παγκάκι

կամուրջ
....
γέφυρα

աստիճաններ
....
σκάλες

մետրո
....
μετρό

թունել
....
τούνελ

ավտոբուսի կանգառ
....
στάση λεωφορείου

բար
....
μπαρ

ռեստորան
....
εστιατόριο

փոստարկղ
....
γραμματοκιβώτιο

փողոցային նշան
....
πινακίδα δρόμου

ավտոկայանման հաշվիչ
....
παρκόμετρο

կենդանաբանական այգի
....
ζωολογικός κήπος

լողավազան
....
πισίνα

մզկիթ
....
τζαμί

ֆերմա

αγρόκτημα

աղտոտման

ρύπανση

գերեզմանոց

νεκροταφείο

եկեղեցի

εκκλησία

խաղահրապարակ

παιδική χαρά

տաճար

ναός

բնապատկեր

τοπίο

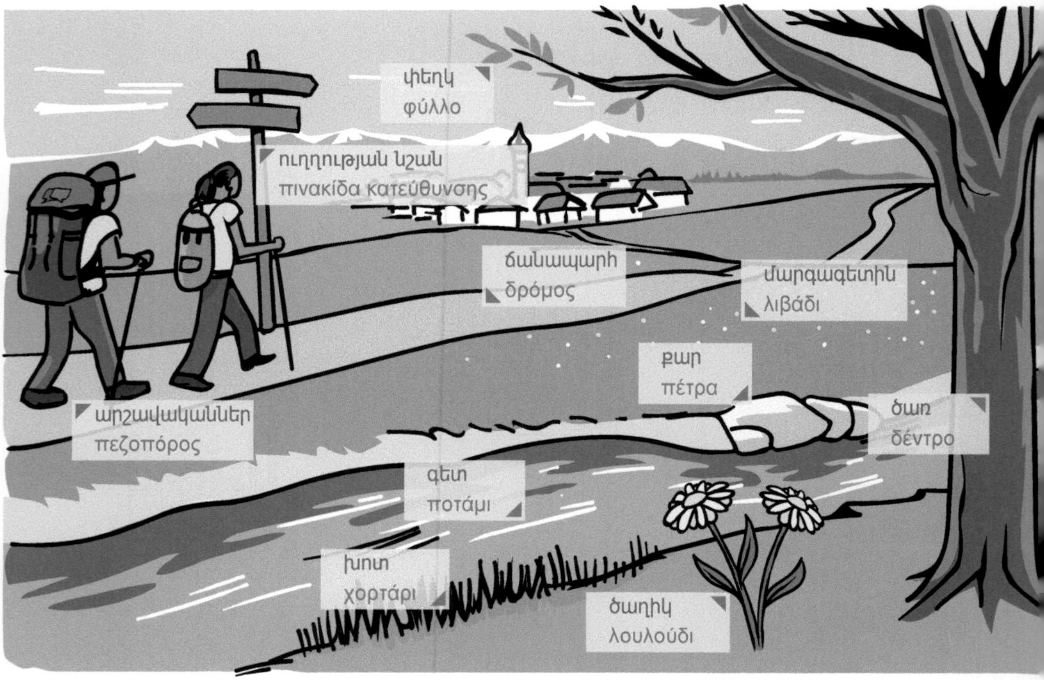

φύλλο
ուղղության նշան
πινακίδα κατεύθυνσης
ճանապարհ
δρόμος
մարգագետին
λιβάδι
քար
πέτρα
ծառ
δέντρο
արշավականներ
πεζοπόρος
գետ
ποτάμι
խոտ
χορτάρι
ծաղիկ
λουλούδι

հովիտ

κοιλάδα

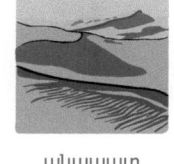

բլուր

λόφος

լիճ

λίμνη

անտառ

δάσος

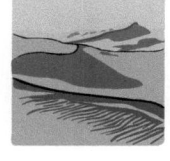

անապատ

έρημος

հրաբուխ

ηφαίστειο

ամրոց

κάστρο

ծիածան

ουράνιο τόξο

սունկ

μανιτάρι

արմավենու ծառ

φοίνικας

մժեղ

κουνούπι

թռչել

μύγα

մրջյուն

μυρμήγκι

մեղու

μέλισσα

սարդ

αράχνη

բզեզ

σκαθάρι

գորտ

βάτραχος

սկյուռ

σκίουρος

ոզնի

σκαντζόχοιρος

նապաստակ

λαγός

բու

κουκουβάγια

թռչուն

πουλί

կարապ

κύκνος

վարազ

αγριογούρουνο

եղջերու

ελάφι

իշայծյամ

άλκη

պատնեշ

φράγμα

քամին տուրբինների

ανεμογεννήτρια

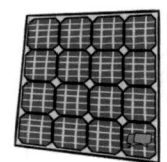

արեւային վահանակ

ηλιακός συλλέκτης

կլիմա

κλίμα

ռեստորան
εστιατόριο

մատուցող
σερβιτόρος
մենյու
κατάλογος
աթոռ
καρέκλα
ապուր
σούπα
պիցցա
πίτσα
սփռոց
τραπεζομάντιλο
սպասք
μαχαιροπίρουνα

ստարտեր

ορεκτικό

հիմնական կերակուր

κύριο πιάτο

դեսերտ

επιδόρπιο

օրական

ποτά

սնունդ

φαγητό

շիշ

μπουκάλι

արագ սնունդ

φαστ φουντ

streetfood

φαγητό στ' όρθιο

թեյնիկ

τσαγιέρα

շաքարաման

δοχείο ζάχαρης

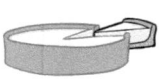

բաժին

μερίδα

էսպրեսսո մեքենա

μηχανή εσπρέσο

մանկական աթոռ

ψηλή καρέκλα

օրինագիծ

λογαριασμός

սկուտեղ

δίσκος

դանակ

μαχαίρι

պատառաքաղ

πιρούνι

գդալ

κουτάλι

թեյի գդալ

κουταλάκι του τσαγιού

անձեռոցիկ

πετσέτα φαγητού

ապակի

ποτήρι

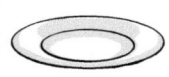

ափսե

πιάτο

խոր ափսե

πιάτο σούπας

պնակ

πιατάκι φλιτζανιού

սոուս

σάλτσα

աղաման

αλατιέρα

պղպեղի աղաց

μύλος για πιπέρι

քացախ

ξύδι

ձեթ

λάδι

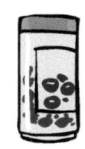

համեմունքներ

μπαχαρικά

կետչուպ

κέτσαπ

մանանեխ

μουστάρδα

մայոնեզ

μαγιονέζα

սուպերմարկետ

σούπερ μάρκετ

հատուկ առաջարկ
προσφορά
FOR
հաճախորդ
πελάτης
Dairy
γαλακτοκομικά προϊόντα
միրգ
φρούτα
զնումների սայլակ
καρότσι για ψώνια

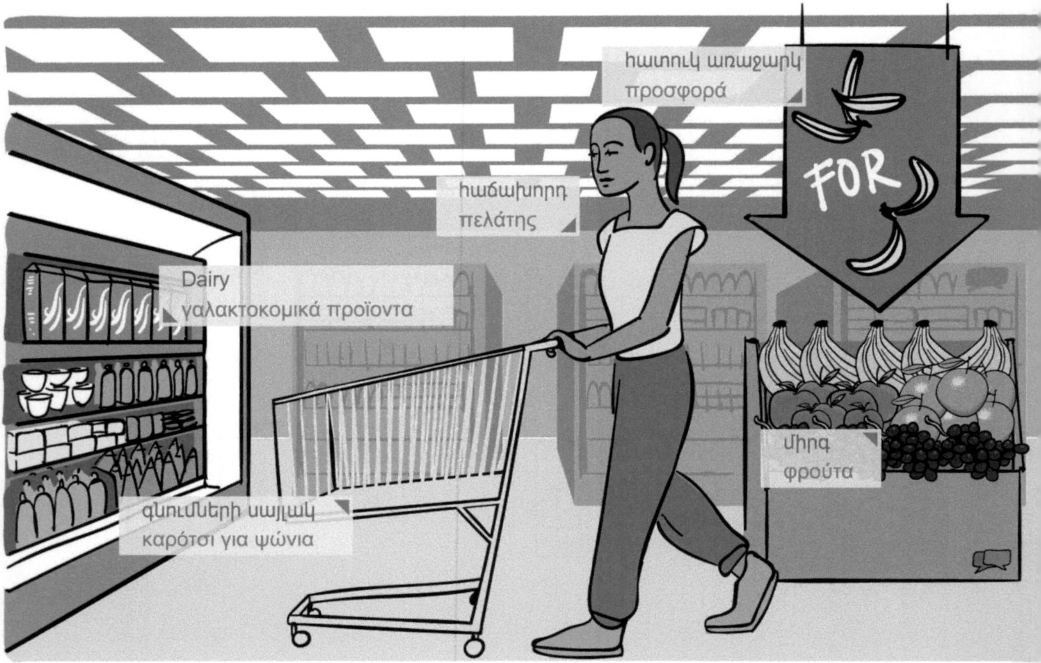

մսամթերքի խանութ

κρεοπωλείο

հացամթերքի խանութ

φούρνος

կշռել

ζυγίζω

բանջարեղեն

λαχανικά

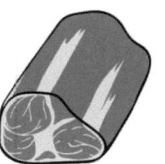

միս

κρέας

սառեցված սննդամթերքի

κατεψυγμένα τρόφιμα

երշիկեղեն

αλλαντικά

պահածոների

κονσερβοποιημένη τροφή

լվացքի փոշի

απορρυπαντικό ρούχων

քաղցրավենիք

γλυκά

տնտեսական ապրանքներ

οικιακά είδη

մաքրող միջոցներ

καθαριστικά προϊόντα

վաճառող

πωλήτρια

դրամարկղ

ταμείο

գանձապահ

ταμίας

գնումների ցուցակ

λίστα για ψώνια

ժամերը

ωράριο λειτουργίας

դրամապանակ

πορτοφόλι

ԿՐԵԴԻՏ քարտ

πιστωτική κάρτα

պայուսակ

τσάντα

պլաստիկ տոպրակ

πλαστική σακούλα

օրական

ποτά

ջուր

νερό

հյութ

χυμός

կաթ

γάλα

կոլա

κόκα κόλα

գինի

κρασί

գարեջուր

μπίρα

սպիրտ

αλκοόλ

կակաո

κακάο

թեյ

τσάι

սուրճ

καφές

էսպրեսսո

εσπρέσο

կապուչինո

καπουτσίνο

բանան

μπανάνα

խնձոր

μήλο

նարնջի

πορτοκάλι

սեխ

πεπόνι

կիտրոն

λεμόνι

գազար

καρότο

սխտոր

σκόρδο

բամբուկ

μπαμπού

սոխ

κρεμμύδι

սունկ

μανιτάρι

ընկուզեղեն

ξηροί καρποί

արիշտա

νουντλς

սպագետտի

μακαρόνια

բրինձ

ρύζι

աղցան

σαλάτα

չիպս

πατατάκια

տապակած կարտոֆիլ

τηγανητές πατάτες

պիցցա

πίτσα

համբուրգեր

χάμπουργκερ

սենդվիչ

σάντουιτς

կոտլետ

κοτολέτα

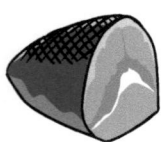

խոզապուխտ

ζαμπόν

սալյամի

σαλάμι

երշիկ

λουκάνικο

հավ

κοτόπουλο

խորոված

ψητό

ձուկ

ψάρι

վարսակի փաթիլներ

χυλός βρώμης

մյուսլի

μούσλι

եգիպտացորենի փաթիլներ

κορν φλέικς

ալյուր

αλεύρι

կրուասան

κρουασάν

բուլկի

ψωμάκι

հաց

ψωμί

տոստ

τοστ

թխվածքաբլիթներ

μπισκότα

կարագ

βούτυρο

կաթնաշոռ

τυρόπηγμα

տորթ

κέικ

ձու

αυγό

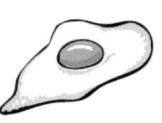

տապակած ձու

τηγανητό αυγό

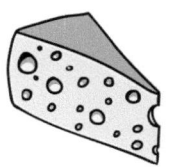

պանիր

τυρί

պաղպաղակ

παγωτό

շաքար

ζάχαρη

մեղր

μέλι

ջեմ

μαρμελάδα

նուգա սերուցք

άλειμμα σοκολάτας

կարրի

κάρυ

ֆերմա
αγρόκτημα

ֆերմային տնակ
αγρόσπιτο
գոմ
αχυρώνας
ծղոտի դեզ
δεμάτι άχυρου
դաշտ
χωράφι
ձի
αλόγο
կցասայլ
ρυμουλκούμενο
տրակտոր
τρακτέρ
քուռակ
πουλάρι
ավանակ
γάιδαρος
ոչխար
πρόβατο
գառ
αρνί

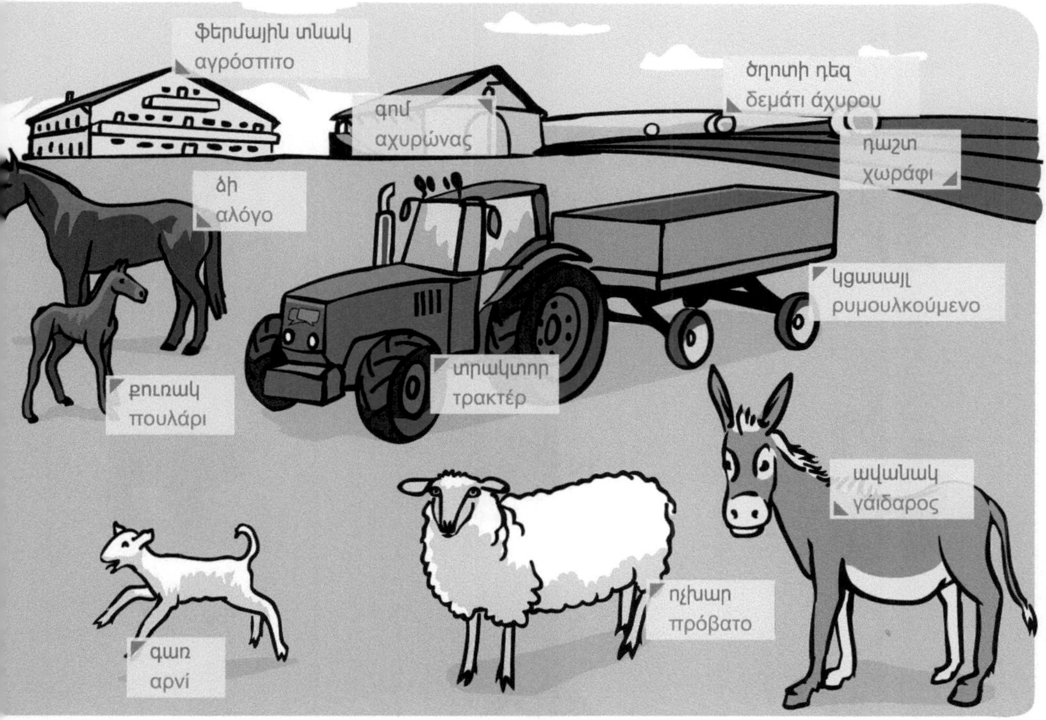

այծ
κατσίκα

կով
αγελάδα

հորթ
μοσχαράκι

խոզ
γουρούνι

խոճկոր
γουρουνάκι

ցուլ
ταύρος

սագ

χήνα

բադ

πάπια

ճուտ

κοτοπουλάκι

հավ

κότα

աքլոր

κόκορας

առնետ

αρουραίος

կատու

γάτα

մուկ

ποντίκι

ցուլ

βόδι

շուն

σκύλος

շան բուն

σπιτάκι σκύλου

այգու փողրակ

λάστιχο κήπου

watering կարող է

ποτιστήρι

գերանդի

θεριστήρι

գութան

αλέτρι

մանգաղ

δρεπάνι

թոխր

τσάπα

եղան

δίκρανο

կացին

τσεκούρι

միանիվ ձեռնասայլակ

χειράμαξα

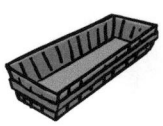

կերակրատաշտ

ταΐστρα

կաթի բիդոն

δοχείο γάλακτος

պարկ

σάκος

ցանկապատ

φράχτης

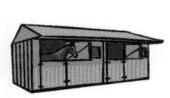

կայուն

στάβλος

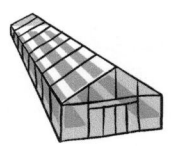

ջերմոց

θερμοκήπιο

հող

έδαφος

սերմ

σπόρος

պարարտանյութ

λίπασμα

բերքահավաք կոմբայն

θεριζοαλωνιστική μηχανή

բերք

θερίζω

բերք

συγκομιδή

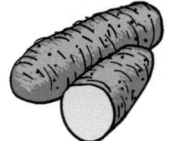

յամս

γιαμς

ցորեն

σιτάρι

սոյա

σόγια

կարտոֆիլ

πατάτα

եգիպտացորեն

καλαμπόκι

rapeseed

κράμβη

մրգային ծառ

οπωροφόρο δέντρο

manioc

μανιόκα

շիլաներ

δημητριακά

ծխնելույզ
καμινάδα
տանիք
στέγη
ջրհորդան խողովակ
υδρορροή
պատուհան
παράθυρο
ավտոտնակ
γκαράζ
դռան զանգ
κουδούνι
դուռ
πόρτα
աղբարկղ
σκουπιδοτενεκές
փոստարկղ
γραμματοκιβώτιο
պարտեզ
κήπος

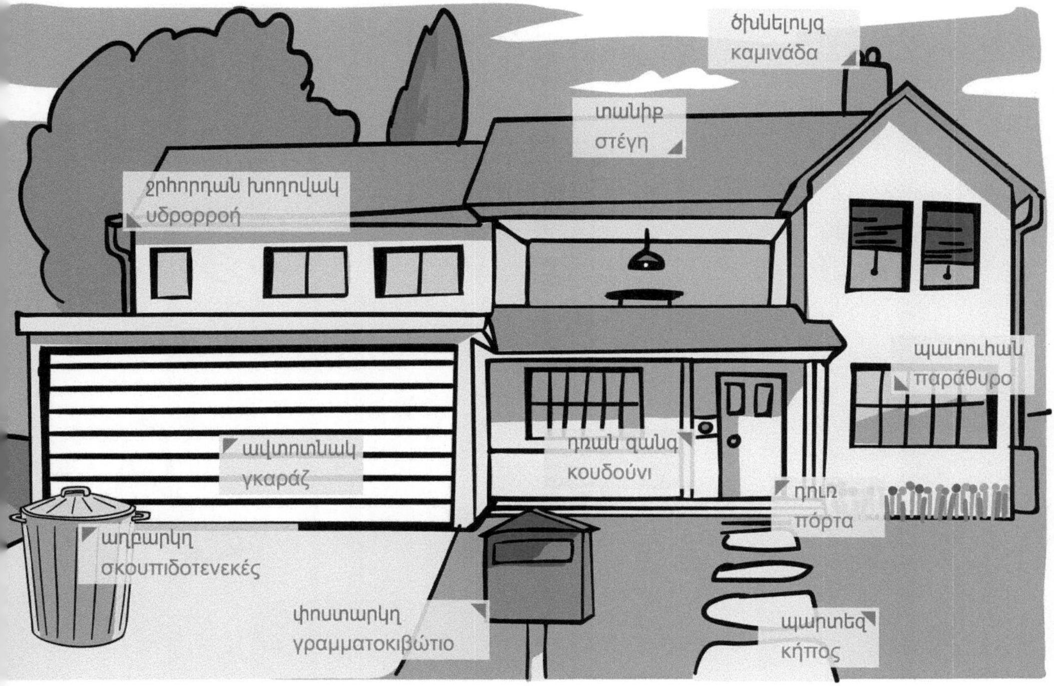

հյուրասենյակ
σαλόνι

լողասենյակ
μπάνιο

խոհանոց
κουζίνα

ննջարան
υπνοδωμάτιο

մանկական սենյակ
παιδικό δωμάτιο

ճաշասենյակ
τραπεζαρία

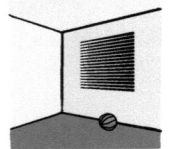

հարկ
πάτωμα

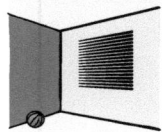

պատ
τοίχος

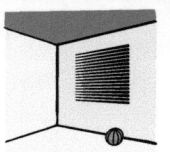

առաստաղ
οροφή

նկուղ
κελάρι

շոգեբաղնիք
σάουνα

պատշգամբ
μπαλκόνι

պատշգամբ
βεράντα

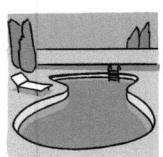

ավազան
πισίνα

խոտհնձիչ
μηχανή του γκαζόν

թերթ
σεντόνι

անկողնու ծածկոց
κάλυμμα κρεβατιού

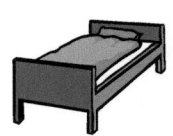

մահճակալ
κρεβάτι

ավել
σκούπα

դույլ
κουβάς

անջատիչ
διακόπτης

հյուրասենյակ
σαλόνι

պաստառ
ταπετσαρία
նկար
φωτογραφία
լամպ
λάμπα
դարակ
ράφι
բուֆետ
ντουλάπι
բուխարի
τζάκι
հեռուստացույց
τηλεόραση
ծաղիկ
λουλούδι
բարձ
μαξιλάρι
բազմոց
καναπές
βάζο
հեռակառավարման
վահանակ
τηλεκοντρόλ

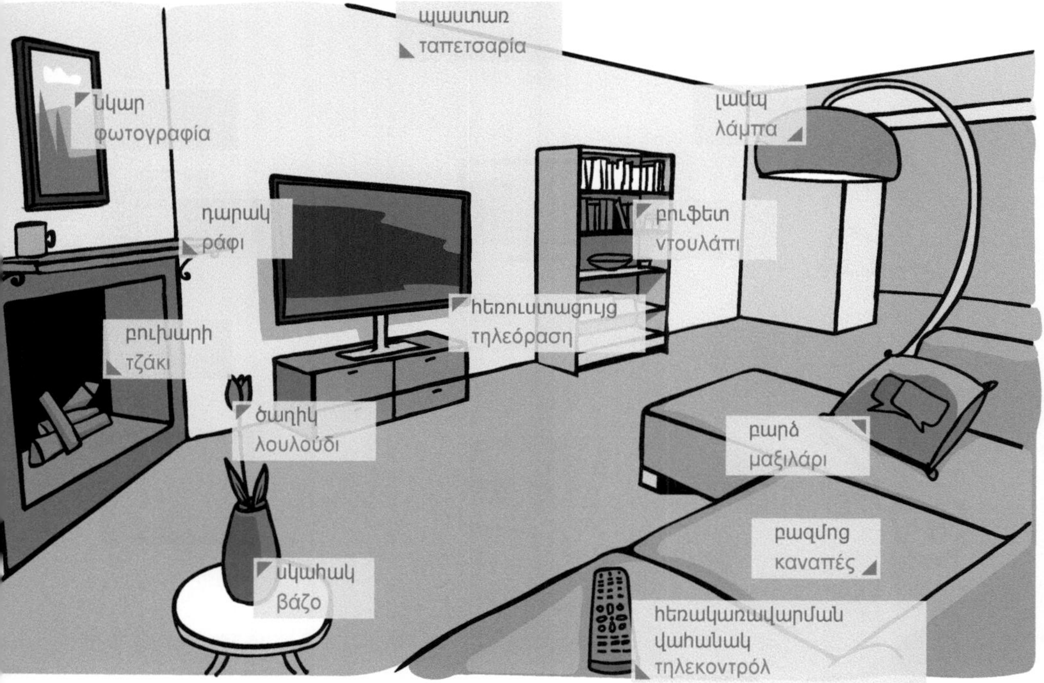

գորգ

χαλί

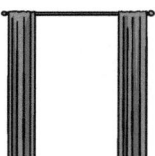

վարագույր

κουρτίνα

սեղան

τραπέζι

աթոռ

καρέκλα

ճոճվող բազկաթոռ

κουνιστή πολυθρόνα

բազկաթոռ

πολυθρόνα

գիրք
βιβλίο

վերմակ
κουβέρτα

զարդարանք
διακόσμηση

վառելափայտ
καυσόξυλα

ֆիլմ
ταινία

hi-fi
στερεοφωνικό σύστημα

բանալի
κλειδί

թերթ
εφημερίδα

նկար
πίνακας ζωγραφικής

պլակատ
αφίσα

ռադիո
ραδιόφωνο

տետր
σημειωματάριο

փոշեկուլ
ηλεκτρική σκούπα

կակտուս
κάκτος

մոմ
κερί

34 — հյուրասենյակ - σαλόνι

խոհանոց

κουζίνα

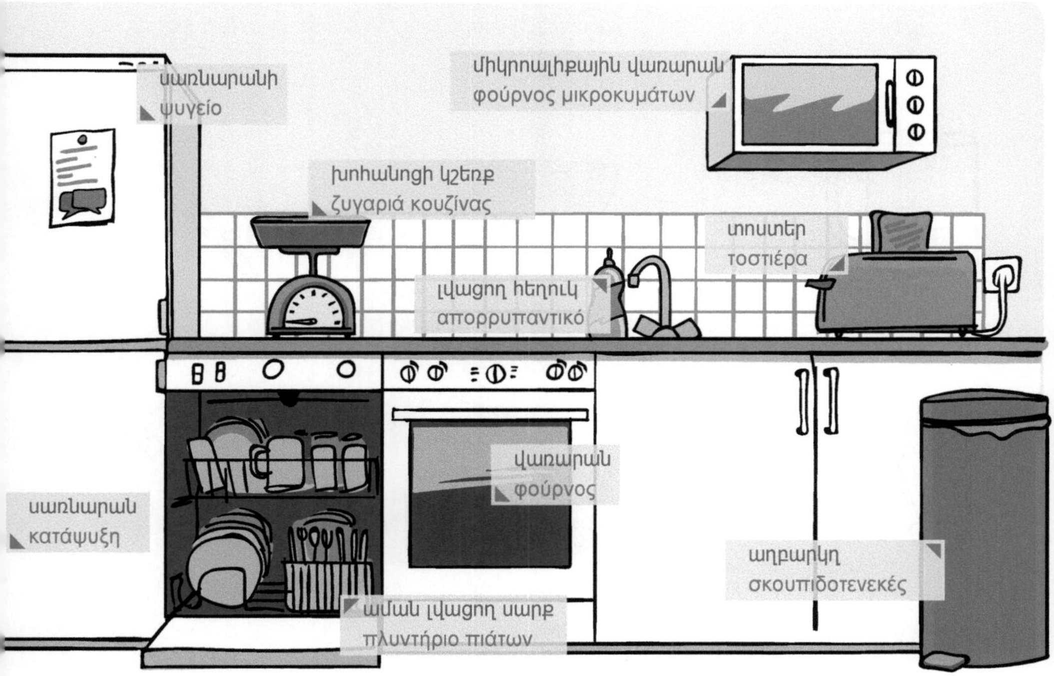

սառնարանի
ψυγείο
միկրոալիքային վառարան
φούρνος μικροκυμάτων
խոհանոցի կշեռք
ζυγαριά κουζίνας
տոստեր
τοστιέρα
լվացող հեղուկ
απορρυπαντικό
վառարան
φούρνος
սառնարան
κατάψυξη
աղբարկղ
σκουπιδοτενεκές
աման լվացող սարք
πλυντήριο πιάτων

կաթսա

κουζίνα

կճուճ

κατσαρόλα

թուջե աման

μαντεμένια κατσαρόλα

wok / kadai

γουόκ/καντάι

թավա

τηγάνι

թեյնիկ

βραστήρας

խոհանոց - κουζίνα 35

շոգենավ

ατμομάγειρας

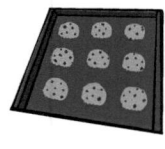

ջեռոցի սկուտեղ

ταψί

ամանեղեն

πιατικά

բաժակ

κούπα

խորը աման

μπολ

փայտիկներ

ξυλάκια

շերեփ

κουτάλα

խոհանոցային բահիկ

σπάτουλα

հարել

ανακατεύω

քամիչ

σουρωτήρι

մաղ

σουρωτηράκι

քերիչ

τρίφτης

հավանգ

γουδί

խորոված

ψησταριά

բաց կրակի

ανοιχτή φωτιά

տախտակ
σανίδα κοπής

գրտնակ
πλάστης

խցանահան
ανοιχτήρι φελλών

բանկա
κονσέρβα

բացիչ
ανοιχτήρι κονσέρβας

խոհանոցային բռնիչ
γάντι φούρνου

լվացարան
νεροχύτης

խոզանակ
βούρτσα

սպունգ
σφουγγάρι

բլենդեր
μπλέντερ

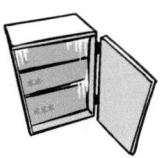

սառնարան
καταψύκτης

մանկական շիշ
μπιμπερό

թակել
βρύση

խոհանոց - κουζίνα   37

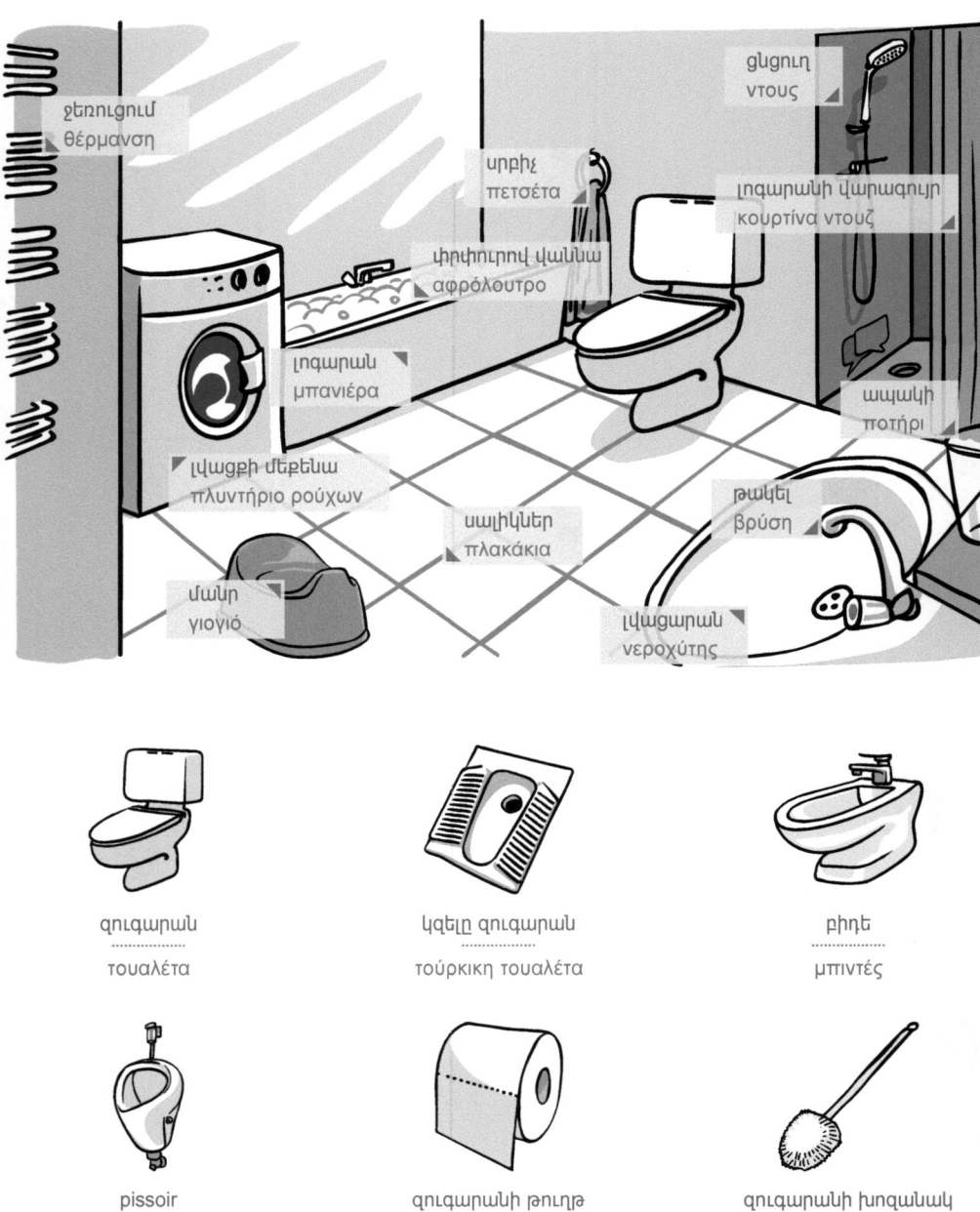

լողասենյակ

μπάνιο

ջեռուցում
θέρμανση
սրբիչ
πετσέτα
ցնցուղ
ντους
լոգարանի վարագույր
κουρτίνα ντουζ
փրփուրով վաննա
αφρόλουτρο
լոգարան
μπανιέρα
ποτήρι
լվացքի մեքենա
πλυντήριο ρούχων
սալիկներ
πλακάκια
ծորակ
βρύση
մանր
γιογιό
լվացարան
νεροχύτης

զուգարան

τουαλέτα

կզելը զուգարան

τούρκικη τουαλέτα

բիդե

μπιντές

pissoir

ουρητήριο

զուգարանի թուղթ

χαρτί υγείας

զուգարանի խոզանակ

πιγκάλ

ատամի խոզանակ

οδοντόβουρτσα

ատամի քսուք

οδοντόκρεμα

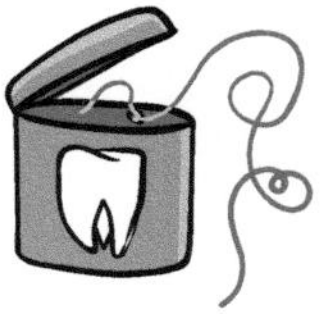

ատամի թել

οδοντικό νήμα

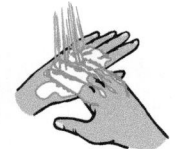

լվանալ

πλένω

ձեռքի ցնցուղ

τηλέφωνο ντους

ցնցուղ

ντουσιέρα

ավազան

λεκάνη

մեջքի խոզանակ

βούρτσα πλάτης

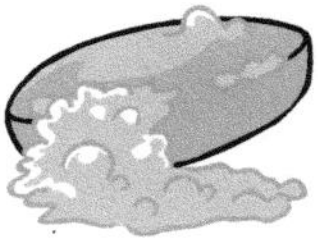

օճառ

σαπούνι

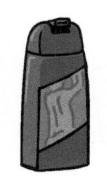

լոգանքի գել

αφρόλουτρο

շամպուն

σαμπουάν

ճիլոպ

φανέλα

հատականցք

σιφόνι

կրեմ

κρέμα

դեզոդորանտ

αποσμητικό

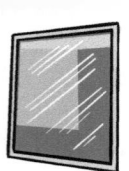

հայելի

καθρέφτης

ձեռքի հայելի

καθρέφτης χειρός

սափրիչ

ξυραφάκι

Սափրվելու փրփուր

αφρός ξυρίσματος

սափրվելուց հետո քսվող լոսյոն

αφτερσέιβ

սանր

χτένα

խոզանակ

βούρτσα

մազերի չորացուցիչ

σεσουάρ

մազի լաք

λακ

դիմահարդարում

μακιγιάζ

շրթնաներկ

κραγιόν

եղունգների լաք

βερνίκι νυχιών

բամբակ

βαμβάκι

եղունգների մկրատ

ψαλίδι νυχιών

օծանելիք

άρωμα

դիմահարդարման պայուսակ
νεσεσέρ

աթոռակ
σκαμπό

կշեռք
ζυγαριά

լողանալու խալաթ
μπουρνούζι

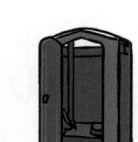

ռետինե ձեռնոցներ
ελαστικά γάντια

տամպոն
ταμπόν

սանիտարական սրբիչ
πετσέτα υγιεινής

քիմիական զուգարան
χημική τουαλέτα

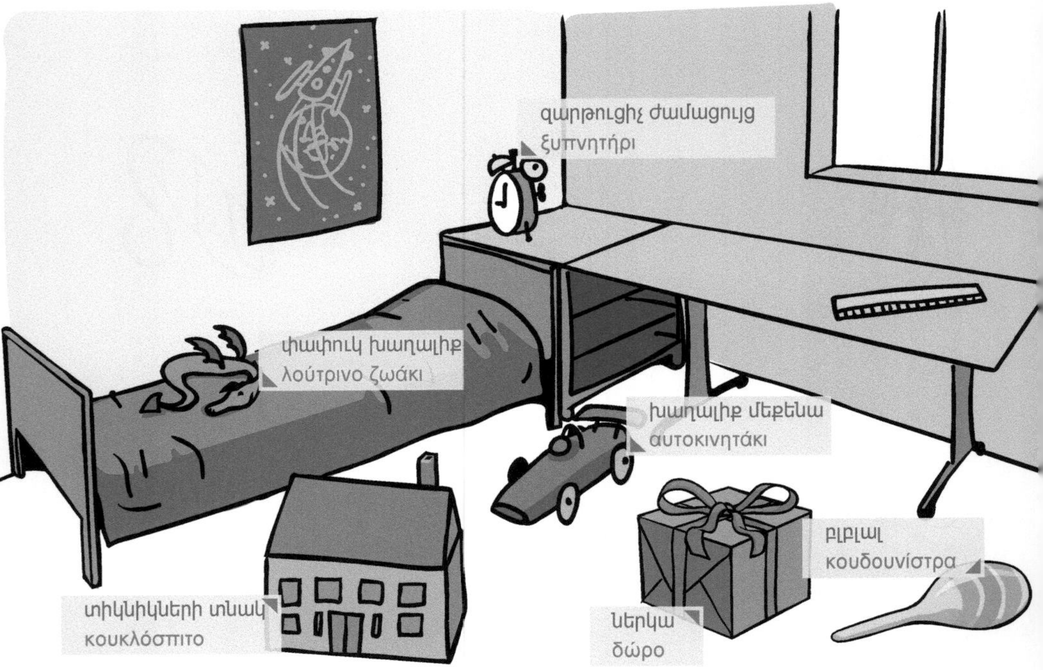

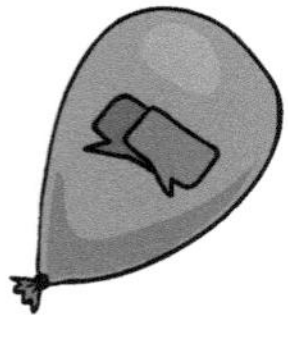

զարթուցիչ ժամացույց
ξυπνητήρι
փափուկ խաղալիք
λούτρινο ζωάκι
խաղալիք մեքենա
αυτοκινητάκι
բլբլալ
κουδουνίστρα
տիկնիկների տնակ
κουκλόσπιτο
ներկա
δώρο

փուչիկ

μπαλόνι

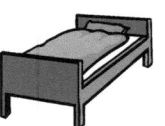

մահճակալ

κρεβάτι

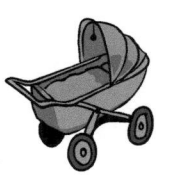

մանկական սայլակ

καροτσάκι

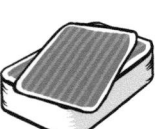

խաղաթղթեր

τράπουλα

խճապատկեր

παζλ

SUPER
MEGA

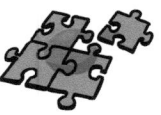

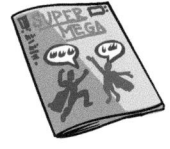

կոմիքս

κόμικς

Լեգո կուբիկներ

τουβλάκια lego

կառուցողական
խաղալիքներ
τουβλάκια κατασκευών

ակցիան գործիչ

φιγούρα δράσης

մանկական բոդի

βρεφικό φορμάκι

Frisbee

φρίσμπι

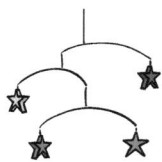

շարժական

μόμπιλο

խաղատախտակ

επιτραπέζιο παιχνίδι

զառախաղ

ζάρια

գնացքների կազմ

σετ τρενάκι

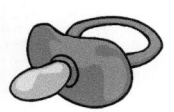

ծծակ

πιπίλα

կուսակցություն

πάρτι

մանկական
պատկերազարդ գիրք
εικονογραφημένο βιβλίο

գնդակ

μπάλα

տիկնիկ

κούκλα

խաղալ

παίζω

ավազե խաղահրապարակի

σκάμμα με άμμο

ռիթմ

κούνια

Խաղալիքներ

παιχνίδια

վիդեո խաղ մխիթարել

κονσόλα βιντεοπαιχνιδιών

եռանիվ հեծանիվ

τρίκυκλο

խաղալիք արջուկ

αρκουδάκι

պահարան

ντουλάπα

հագուստ

ρούχα

կիսագուլպա

κάλτσες

գուլպա

καλτσοδέτες

զուգագուլպա

καλσόν

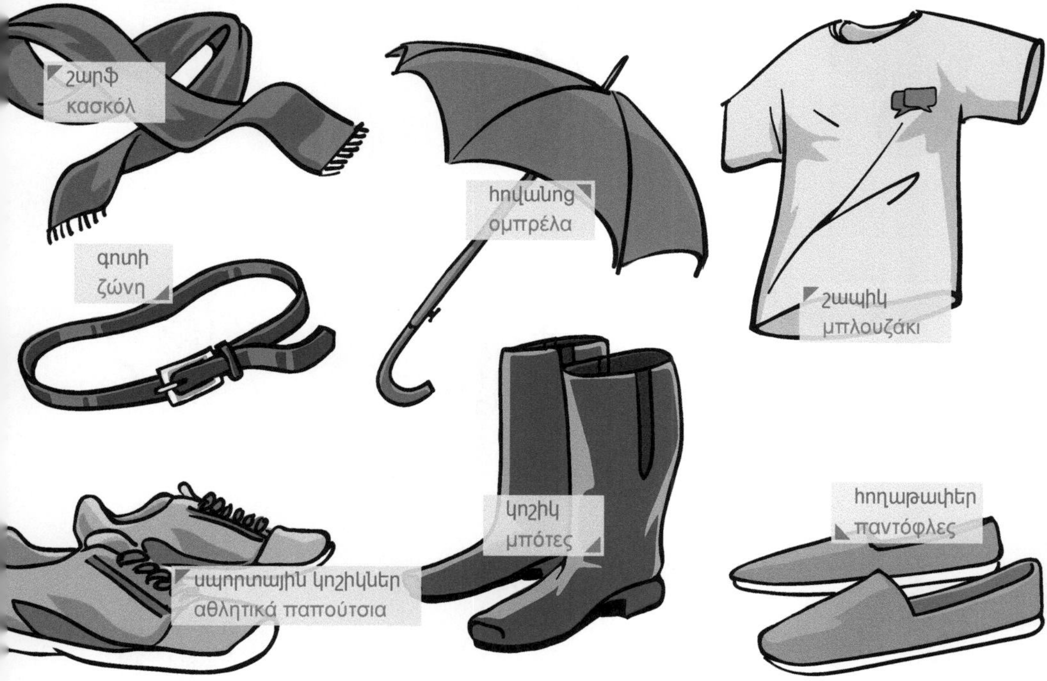

շարֆ
κασκόλ

հովանոց
ομπρέλα

շապիկ
μπλουζάκι

գոտի
ζώνη

կոշիկ
μπότες

սպորտային կոշիկներ
αθλητικά παπούτσια

հողաթափեր
παντόφλες

սանդալներ
σανδάλια

կոշիկ
παπούτσια

ռետինե կոշիկներ
γαλότσες

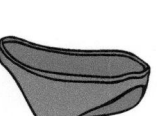

վարտիք
εσώρουχο

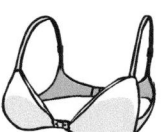

կրծկալ
σουτιέν

մայկա
φανέλα

մարմին

σώμα

անդրավարտիք

παντελόνι

ջինս

τζιν παντελόνι

կիսաշրջազգեստ

φούστα

բլուզ

μπλούζα

վերնաշապիկ

πουκάμισο

պուլովեր

πουλόβερ

սպորտային կուրտկա

πουλόβερ

պիջակ

σακάκι

կուրտկա

μπουφάν

վերարկու

παλτό

անձրևանոց

αδιάβροχο πανωφόρι

կանացի կոստյում

κοστούμι

զգեստ

φόρεμα

հարսանյաց զգեստ

νυφικό

տղամարդու կոստյում

κοστούμι

գիշերանոց

νυχτικό

պիժամա

πιτζάμες

Սարի

σάρι

գլխաշորն

μαντήλι

չալմա

τουρμπάνι

չադրա

μπούρκα

արևելյան խալաթ

καφτάνι

հաստ վերարկու

μουσουλμανικό ένδυμα

կանացի լողազգեստ

ολόσωμο μαγιό

տղամարդու լողազգեստ

ανδρικό μαγιό

շորտ

σορτς

սպորտային համազգեստ

αθλητική φόρμα

գոգնոց

ποδιά

ձեռնոցներ

γάντια

կոճակ

κουμπί

ակնոց

γυαλιά

ապարանջան

βραχιόλι

վզնոց

περιδέραιο

մատանի

δαχτυλίδι

ականջօղ

σκουλαρίκι

գլխարկ

καπέλο

կախիչ

κρεμάστρα

գլխարկ

καπέλο

փողկապ

γραβάτα

շղթա

φερμουάρ

սաղավարտ

κράνος

տաբատակալ

τιράντες

դպրոցական համազգեստ

μαθητική στολή

համազգեստ

στολή

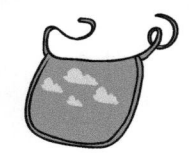

մանկական գոգնոց

σαλιάρα

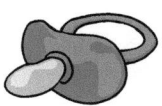

ծծակ

πιπίλα

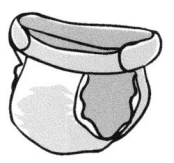

մանկական տակդիր

πάνα

գրասենյակ
γραφείο

սերվեր
σέρβερ
գրասենյակային պահարան
αρχειοθήκη
տպիչ
εκτυπωτής
թուղթ
χαρτί
մոնիտոր
οθόνη
գրասեղան
γραφείο
մկնիկ
ποντίκι
թղթապանա
կ
ντοσιέ
ստեղնաշար
πληκτρολόγιο
աղբարկղ
καλάθι αχρήστων
համակարգիչ
υπολογιστής
աթոռ
καρέκλα

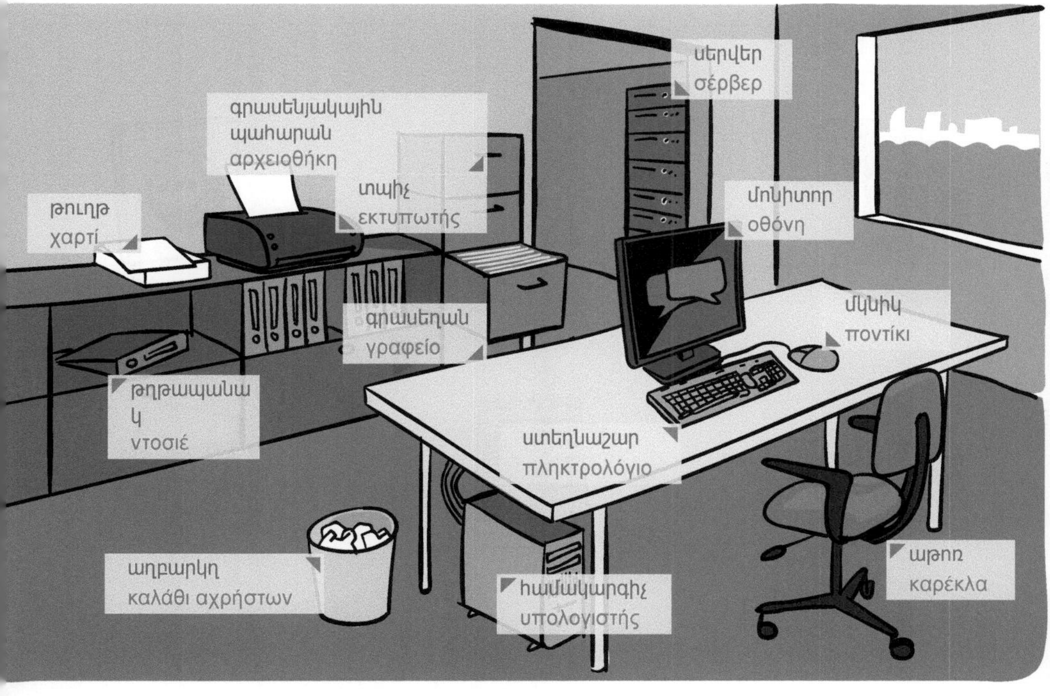

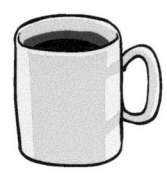

սուրճի գավաթ

κούπα του καφέ

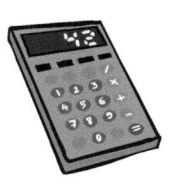

հաշվիչ

κομπιουτεράκι

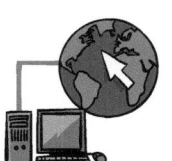

ինտերնետ

ίντερνετ

laptop

λάπτοπ

նամակ

γράμμα

հաղորդագրություն

μήνυμα

բջջային հեռախոս

κινητό

ցանց

δίκτυο

պատճենահանման սարք

φωτοτυπικό μηχάνημα

ծրագրային ապահովում

λογισμικό

հեռախոս

τηλέφωνο

վարդակ

πρίζα

ֆաքսի մեքենա

συσκευή φαξ

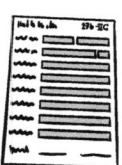

տեսակ

έντυπο

փաստաթուղթ

έγγραφο

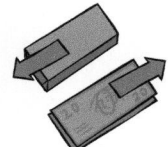

տնտեսություն
οικονομία

գնել

αγοράζω

վճարել

πληρώνω

առեւտրի

συναλλάσσομαι

փող

χρήματα

դոլար

δολάριο

եվրո

ευρώ

իեն

γιεν

ռուբլի

ρούβλι

շվեյցարական ֆրանկ

ελβετικό φράγκο

յուան

ρενμίνμπι γιουάν

ռուպի

ρουπία

բանկոմատ

ATM (αυτόματη ταμειακή μηχανή)

փոխանակման կետ

ανταλλακτήρια συναλλάγματος

ոսկի

χρυσός

արծաթ

ασήμι

նավթ

πετρέλαιο

էներգիա

ενέργεια

գին

τιμή

պայմանագիր

συμβόλαιο

հարկ

φόρος

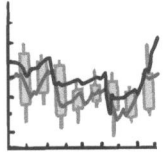

ակցիաներ

μετοχή

աշխատանք

δουλεύω

ծառայող

υπάλληλος

գործատուն

εργοδότης

գործարան

εργοστάσιο

խանութ

κατάστημα

մասնագիտություն
επαγγέλματα

αστυνόμος
հրշեջ
πυροσβέστης
խոհարար
μάγειρας
բժիշկ
γιατρός
πιλότος

այգեպան

κηπουρός

ատաղձագործ

ξυλουργός

դերձակուհի

μοδίστρα

դատավոր

δικαστής

քիմիկոս

χημικός

դերասան

ηθοποιός

ավտոբուսի վարորդ

οδηγός λεωφορείου

տաքսու վարորդ

ταξιτζής

ձկնորս

ψαράς

հավաքարար

καθαρίστρια

տանիքագործ

τεχνίτης στεγών

մատուցող

σερβιτόρος

որսորդ

κυνηγός

նկարիչ

ζωγράφος

հացթուխ

αρτοποιός

էլեկտրատեխնիկ

ηλεκτρολόγος

շինարար

οικοδόμος

ինժեներ

μηχανολόγος

մսագործ

κρεοπώλης

ջրմուղագործ

υδραυλικός

փոստատար

ταχυδρόμος

զինվոր

στρατιώτης

ճարտարապետ

αρχιτέκτονας

գանձապահ

ταμίας

ծաղկավաճառ

ανθοπώλης

վարսավիր

κομμωτής

տոմսավաճառ

ελεγκτής εισιτηρίων

մեխանիկ

μηχανικός

կապիտան

καπετάνιος

ատամնաբույժ

οδοντίατρος

գիտնական

επιστήμονας

ռաբբի

ραβίνος

իմամ

ιμάμης

կուսակրոն

μοναχός

հոգևորական

ιερέας

գործիքներ

εργαλεία

մուրճ
σφυρί
տափակաբերան
աքցան
πένσα
պտուտակահա
ն
κατσαβίδι
դարձակ
Γαλλικό κλειδί
լապտեր
φακός

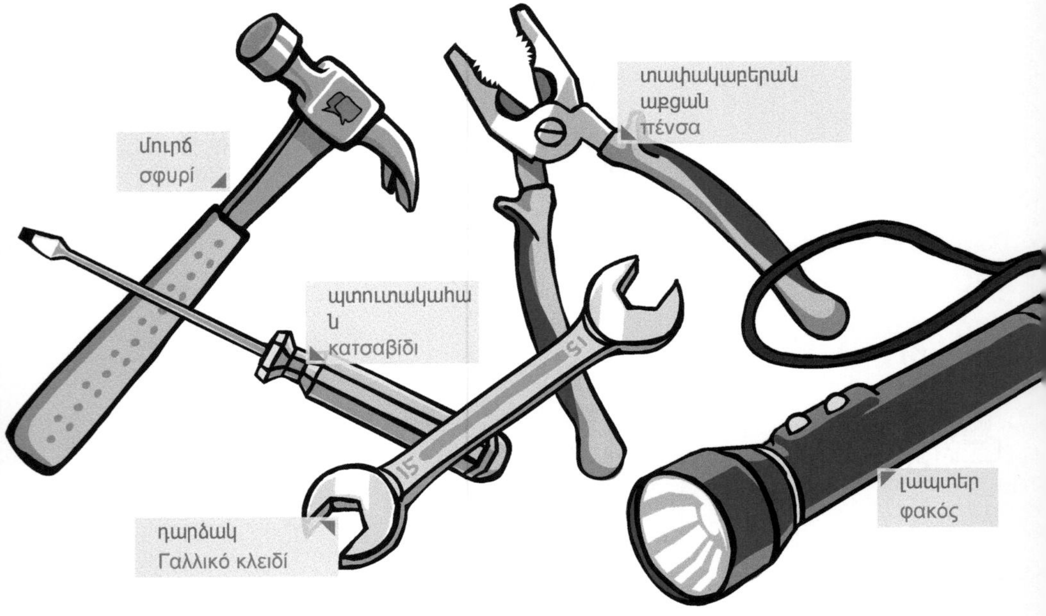

էքսկավատոր

εκσκαφέας

գործիքների տուփ

εργαλειοθήκη

սանդուղք

σκάλα

սղոց

πριόνι

մեխեր

καρφιά

գայլիկոն

τρυπάνι

նորոգում

ἐπισκευάζω

բահ

φτυάρι

գրողը տանի

Να πάρει!

գոգաթիակ

φαράσι

ներկաման

δοχείο χρωμάτων

պտուտակներ

βίδες

երաժշտական գործիքներ

μουσικά όργανα

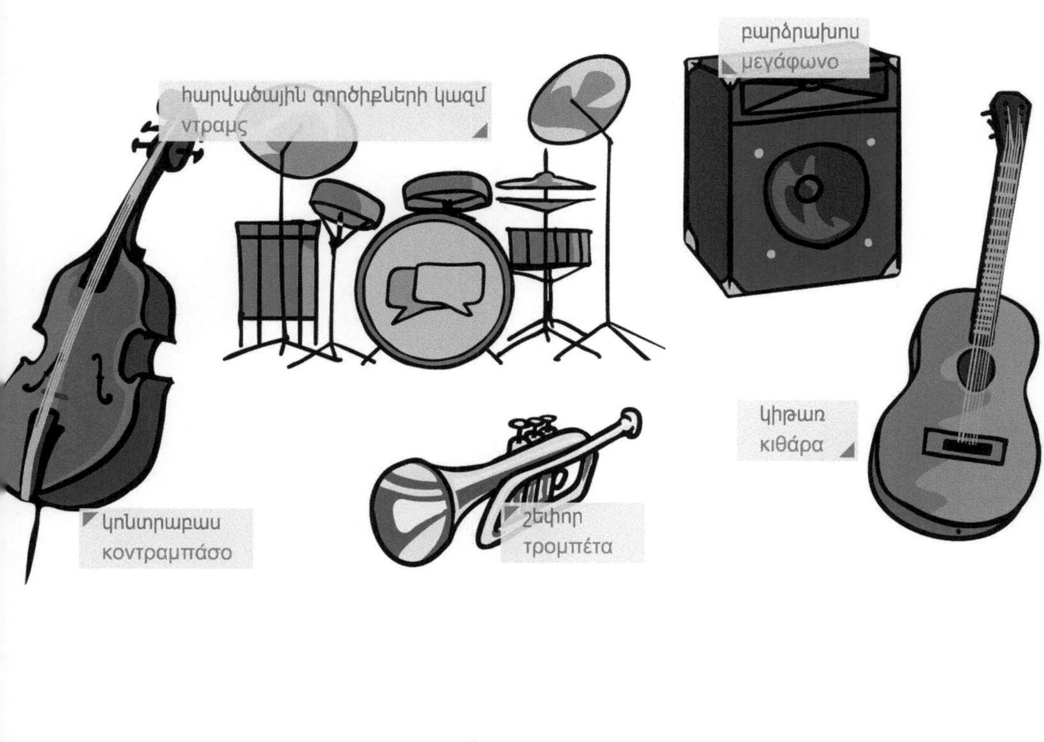

բարձրախոս
μεγάφωνο
հարվածային գործիքների կազմ
ντραμς
կիթառ
κιθάρα
կոնտրաբաս
κοντραμπάσο
շեփոր
τρομπέτα

դաշնամուր
πιάνο

ջութակ
βιολί

բաս
μπάσο

թմբուկներ
τύμπανα

հարվածային գործիքներ
τύμπανο

ստեղնաշար
πλήκτρα

սաքսոֆոն
σαξόφωνο

ֆլեյտա
φλάουτο

միկրոֆոն
μικρόφωνο

կենդանաբանական այգի

ζωολογικός κήπος

մուտք
είσοδος
վագր
τίγρης
վանդակ
κλουβί
զեբր
ζέβρα
կենդանիների կերակուր
ζωοτροφή
պանդա
πάντα

կենդանիներ

ζώα

փիղ

ελέφαντας

կենգուրու

καγκουρό

ռնգեղջյուր

ρινόκερος

գորիլա

γορίλας

գորշ արջ

αρκούδα

ուղտ
καμήλα

ջայլամ
στρουθοκάμηλος

առյուծ
λιοντάρι

կապիկ
πίθηκος

Ֆլամինգո
φλαμίνγκο

թութակ
παπαγάλος

բևեռային արջ
πολική αρκούδα

պինգվին
πιγκουίνος

շնաձուկ
καρχαρίας

սիրամարգ
παγώνι

օձ
φίδι

կոկորդիլոս
κροκόδειλος

կենդանաբանական այգու
աշխատող
φύλακας ζωολογικού κήπου

փոկ
φώκια

յագուար
τζάγκουαρ

պոնի

πόνυ

ընձառյուծ

λεοπάρδαλη

գետաձի

ιπποπόταμος

ընձուղտ

καμηλοπάρδαλη

արծիվ

αετός

վարազ

αγριογούρουνο

ձուկ

ψάρι

կրիա

χελώνα

ծովացուլ

θαλάσσιος ίππος

աղվես

αλεπού

վիթ

γαζέλα

սպորտներ

αθλήματα

ամերիկյան ֆուտբոլ
Αμερικάνικο ποδόσφαιρο
հեծանվավազք
ποδηλασία
թենիս
αντισφαίριση
բասկետբոլ
μπάσκετ
լող
κολύμβηση
հոկեյ
χόκεϋ επί πάγου
բռնցքամարտ

ֆուտբոլ

ποδόσφαιρο

բադմինտոն

μπάντμιντον

աթլետիկա

στίβος

ձեռքի գնդակ

χάντμπολ

դահուկային սպորտ

σκι

պոլո

πόλο

գործունեություն

δραστηριότητες

ծիծաղել
γελάω
ցատկել
πηδάω
գրկել
αγκαλιάζω
քայլել
περπατάω
երգել
τραγουδάω
երազել
ονειρεύομαι
աղոթել
προσεύχομαι
համբուրել
φιλάω

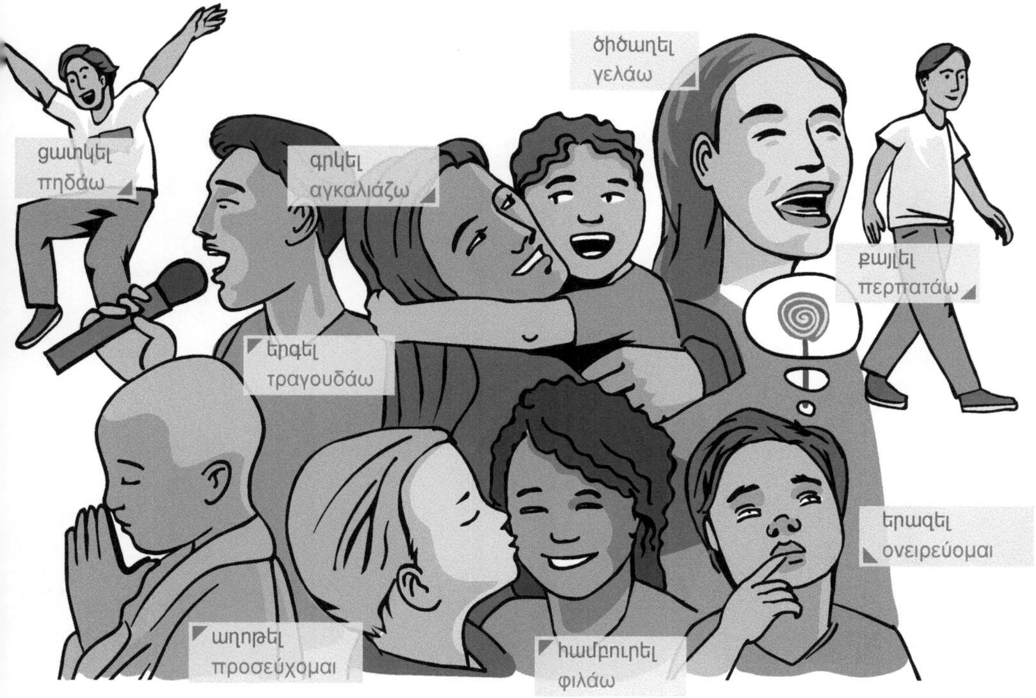

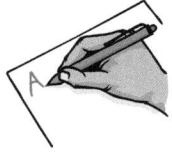

գրել

γράφω

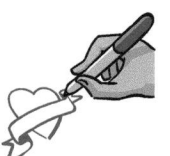

նկարել

σχεδιάζω

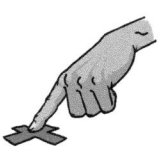

ցույց տալ

δείχνω

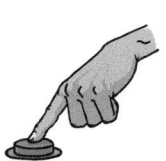

հրել

πιέζω

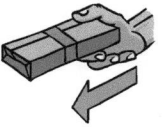

տալ

δίνω

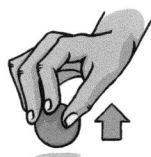

վերցնել

παίρνω

ունենալ

έχω

դեպի

κάνω

լինել

είμαι

կանգնել

στέκομαι

վազել

τρέχω

քաշել

τραβάω

նետել

ρίχνω

ընկնել

πέφτω

ստել

ξαπλώνω

սպասել

περιμένω

կրել

κουβαλώ

նստել

κάθομαι

հագնվել

φοράω

քնել

κοιμάμαι

արթնանալ

ξυπνάω

նայել

κοιτάω

լացել

κλαίω

շոյել

χαϊδεύω

սանրվել

χτενίζω

խոսել

μιλάω

հասկանալ

καταλαβαίνω

հարցնել

ρωτάω

լսել

ακούω

խմել

πίνω

ուտել

τρώω

հարդարվել

συγυρίζω

սիրել

αγαπάω

խոհարար

μαγειρεύω

քշել

οδηγώ

թռչել

πετάω

գործունեություն - δραστηριότητες

լողալ

κάνω ιστιοπλοΐα

հաշվել

υπολογίζω

կարդալ

διαβάζω

սովորել

μαθαίνω

աշխատանք

δουλεύω

ամուսնանալ

παντρεύομαι

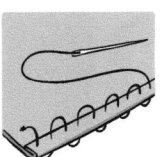

կարել

ράβω

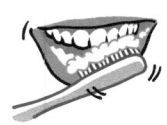

ատամները լվանալ

βουρτσίζω τα δόντια

սպանել

σκοτώνω

ծուխ

καπνίζω

ուղարկել

στέλνω

ընտանիք
οικογένεια

տատիկ
γιαγιά
պապիկ
παππούς
հայր
πατέρας
մայր
μητέρα
երեխա
μωρό
դուստր
κόρη
որդի
γιος

հյուր
καλεσμένος

հորաքույր
θεία

հորեղբայր
θείος

եղբայր
αδελφός

քույր
αδελφή

մարմին

σώμα

ճակատ
μέτωπο
աչք
μάτι
դեմք
πρόσωπο
կզակ
πιγούνι
στήθος
մատ
δάχτυλο
ձեռք
χέρι
թև
βραχίονας
ուս
ώμος
ոտք
πόδι

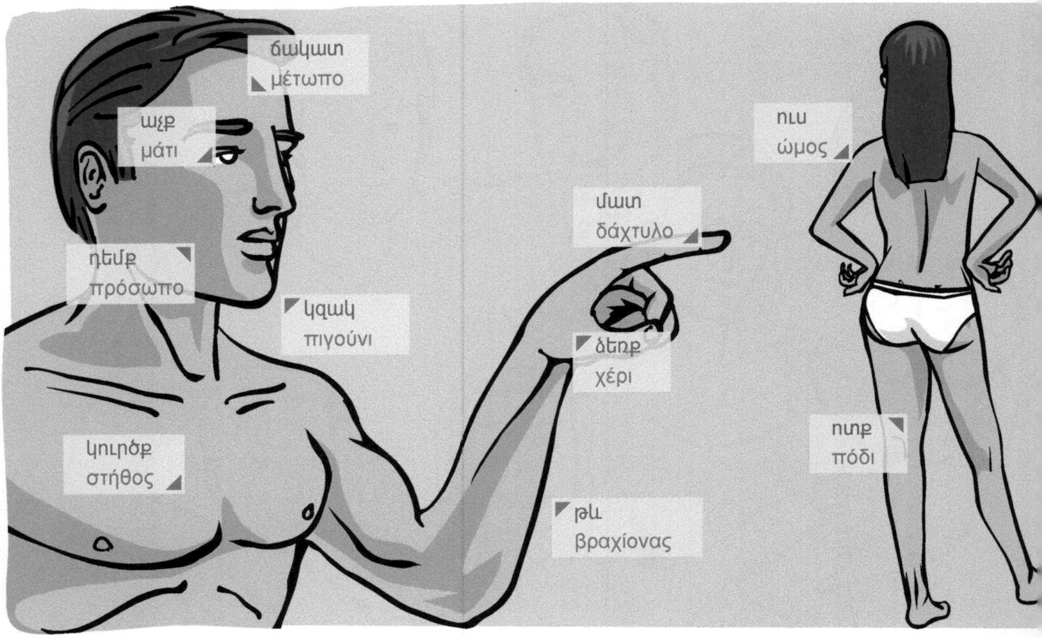

երեխա

μωρό

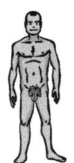

մարդ

άνδρας

կին

γυναίκα

աղջիկ

κορίτσι

տղա

αγόρι

գլուխ

κεφάλι

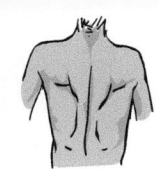

մեջք

πλάτη

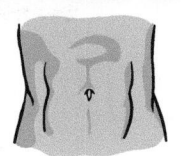

փոր

κοιλιά

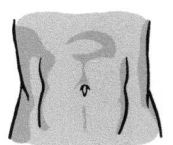

պորտ

αφαλός

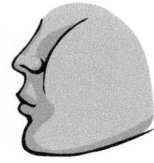

ոտնամատ

δάχτυλο ποδιού

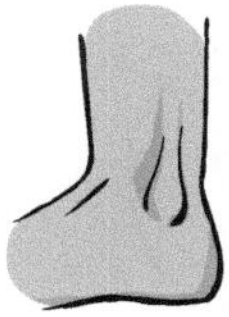

կրունկ

φτέρνα

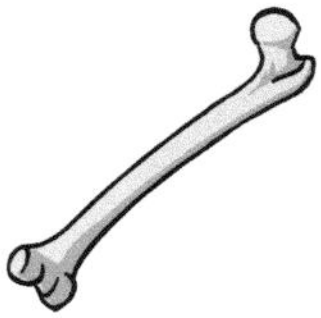

ոսկոր

κόκκαλο

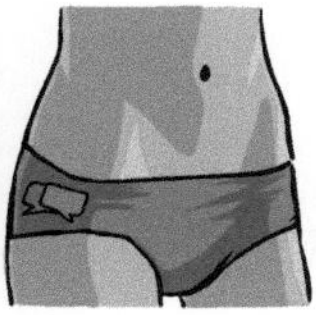

ազդր

γοφός

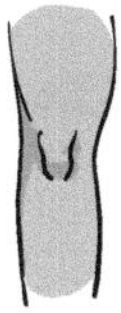

ծունկ

γόνατο

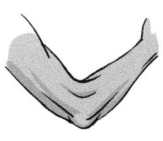

արմունկ

αγκώνας

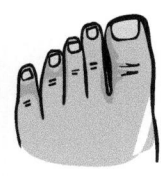

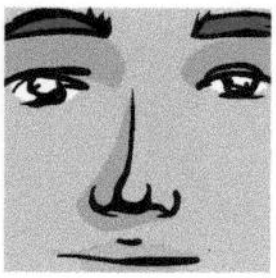

քիթ

μύτη

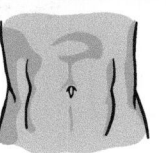

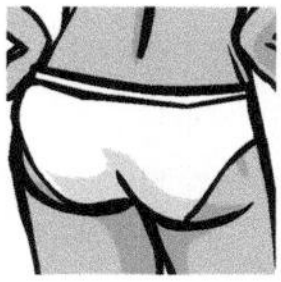

հետույք

γλουτός

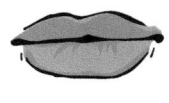

մաշկ

δέρμα

այտ

μάγουλο

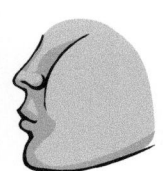

ականջ

αυτί

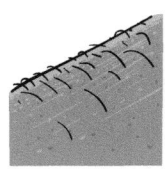

շրթունք

χείλος

բերան

στόμα

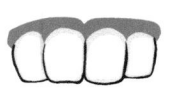

ատամ

δόντι

լեզու

γλώσσα

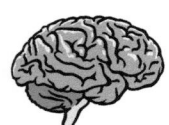

ուղեղ

εγκέφαλος

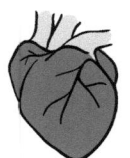

սիրտ

καρδιά

մկան

μυς

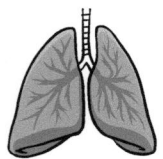

թոք

πνεύμονας

լյարդ

συκώτι

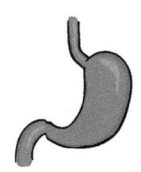

ստամոքս

στομάχι

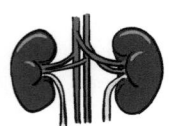

երիկամներ

νεφρά

սեքս

σεξουαλική επαφή

պահպանակներ

προφυλακτικό

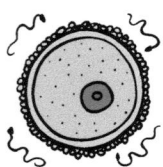

ձվաբջիջը

ωάριο

Սեմյոն

σπέρμα

հղիություն

εγκυμοσύνη

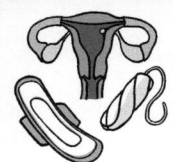

դաշտան
περίοδος

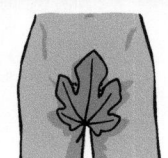

հեշտոց
γυναικείος κόλπος

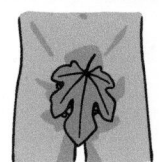

առնանդամ
πέος

հոնք
φρύδι

մազ
μαλλιά

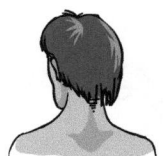

պարանոց
λαιμός

հիվանդանոց

νοσοκομείο

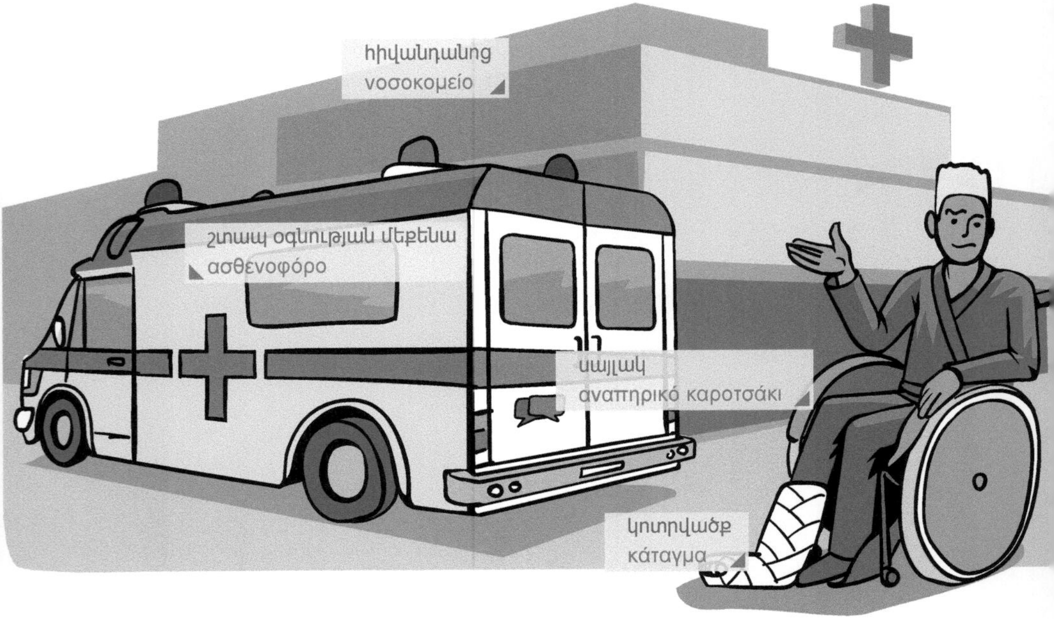

շտապ օգնության մեքենա
ασθενοφόρο
սայլակ
αναπηρικό καροτσάκι
կոտրվածք
κάταγμα

բժիշկ

γιατρός

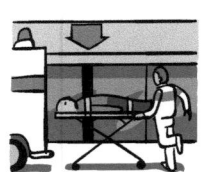

շտապ օգնության սենյակ

μονάδα εντατικής θεραπείας

բուժքույր

νοσοκόμα

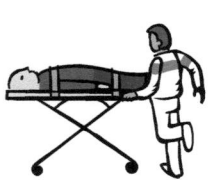

շտապ օգնություն

έκτακτη ανάγκη

անգիտակից

λιπόθυμος

ցավ

πόνος

վնասվածք

τραύμα

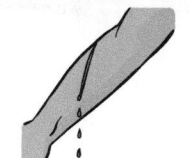

արյունահոսություն

αιμορραγία

սրտի կաթված

έμφραγμα

կաթված

εγκεφαλικό

ալերգիա

αλλεργία

հազ

βήχας

տենդ

πυρετός

գրիպ

γρίπη

փորլուծություն

διάρροια

գլխացավ

πονοκέφαλος

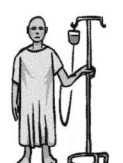

քաղցկեղ

καρκίνος

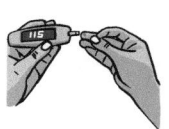

դիաբետ

διαβήτης

վիրաբույժ

χειρουργός

վիրադանակ

νυστέρι

վիրահատություն

εγχείρηση

CT

αξονική τομογραφία

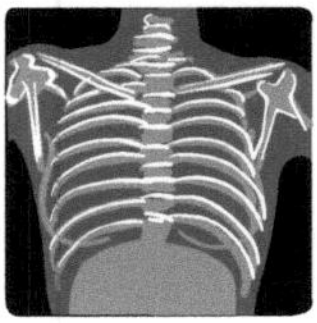

ռենտգեն

ακτινογραφία

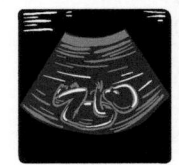

ուլտրաձայնային

υπέρηχος

դեմքի դիմակ

μάσκα

հիվանդություն

ασθένεια

սպասասրահ

αίθουσα αναμονής

հենակ

πατερίτσα

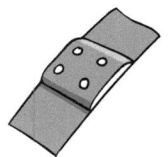

սպեղանի

χάνσαπλαστ

վիրակապ

επίδεσμος

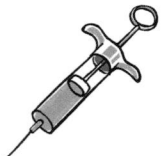

ներարկում

ένεση

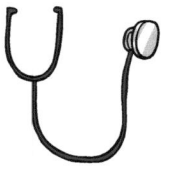

լսափողակ

στηθοσκόπιο

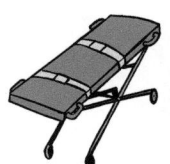

պատգարակ

φορείο

ջերմաչափ

θερμόμετρο

ծնունդ

γέννηση

ավելաքաշ

υπέρβαρο

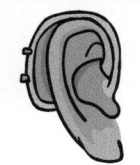

լսելով օգնության

ακουστικό βαρηκοΐας

ախտահանիչ

αντισηπτικό

վարակ

λοίμωξη

վիրուս

ιός

ՄԻԱՎ / ՁԻԱՀ

HIV/AIDS

դեղորայք

φάρμακο

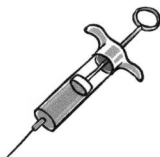

պատվաստում

εμβολιασμός

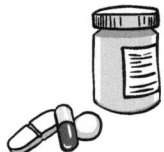

հաբեր

δισκία

հաբ

χάπι

ահազանգ

κλήση έκτακτης ανάγκης

արյան ճնշման չափիչ սարք

πιεσόμετρο αίματος

հիվանդ / առողջ

άρρωστος / υγιής

Շտապ օգնություն

έκτακτη ανάγκη

Օգնություն!

Βοήθεια!

տագնապի ազդանշան

συναγερμός

հարձակում

βιαιοπραγία

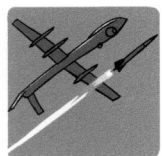

հարձակում

επίθεση

վտանգ

κίνδυνος

վթարային ելք

έξοδος κινδύνου

Հրդեհ

Φωτιά!

կրակմարիչ

πυροσβεστήρας

վթար

ατύχημα

առաջին օգնության դեղարկղ

κουτί πρώτων βοηθειών

SOS

SOS

ոստիկանություն

αστυνομία

Եվրոպա
....
Ευρώπη

Հյուսիսային Ամերիկա
....
Βόρεια Αμερική

Հարավային Ամերիկա
....
Νότια Αμερική

Աֆրիկա
....
Αφρική

Ասիա
....
Ασία

Ավստրալիա
....
Αυστραλία

Ատլանտյան օվկիանոս
....
Ατλαντικός Ωκεανός

Խաղաղ օվկիանոս
....
Ειρηνικός Ωκεανός

Հնդկական օվկիանոս
....
Ινδικός Ωκεανός

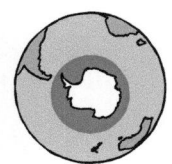

Հարավային Սառուցյալ օվկիանոս
....
Ανταρκτικός Ωκεανός

Հյուսիսային Սառուցյալ օվկիանոս
....
Αρκτικός Ωκεανός

հյուսիսային բևեռ
....
Βόρειος Πόλος

հարավային բևեռ
Νότιος Πόλος

Անտարկտիդա
Ανταρκτική

երկիր
Γη

ցամաք
γη

ծով
θάλασσα

կղզի
νησί

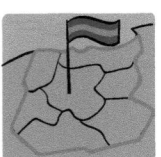

ազգ
έθνος

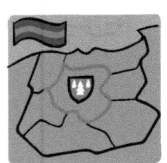

պետական
πολιτεία

78   երկիր - Γη

ժամացույց
ρολόι

թվատախտակ

καντράν ρολογιού

ժամի սլաք

ωροδείκτης

րոպեի սլաք

λεπτοδείκτης

վայրկյանի սլաք

δείκτης δευτερολέπτων

ժամը քանիսն է?

Τι ώρα είναι;

օր

ημέρα

այսպիսով

χρόνος

այժմ

τώρα

թվային ժամացույց

ψηφιακό ρολόι

րոպե

λεπτό

ժամ

ώρα

շաբաթ

εβδομάδα

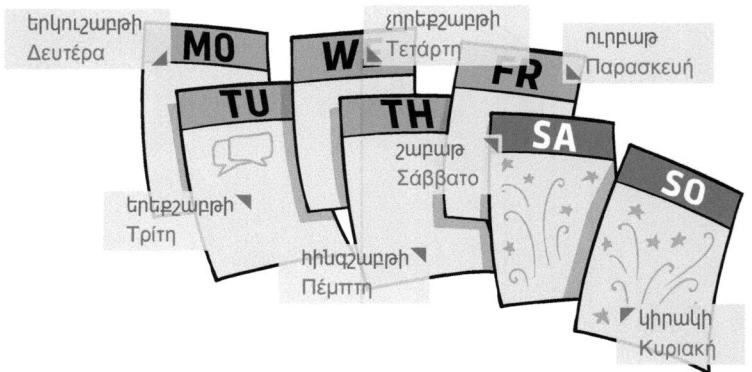

երկուշաբթի
Δευτέρα
երեքշաբթի
Τρίτη
չորեքշաբթի
Τετάρτη
հինգշաբթի
Πέμπτη
ուրբաթ
Παρασκευή
շաբաթ
Σάββατο
կիրակի
Κυριακή

այսօր
χθες

այսօր
σήμερα

վաղը
αύριο

առավոտ
πρωί

կեսօր
μεσημέρι

երեկո
βράδυ

աշխատանքային օրեր
εργάσιμες ημέρες

շաբաթվա վերջ
Σαββατοκύριακο

տարի

έτος

անձրև
βροχή
ծիածան
ουράνιο τόξο
ձյուն
χιόνι
քամի
άνεμος
գարուն
άνοιξη
աշուն
φθινόπωρο
ամառ
καλοκαίρι
ձմեռ
χειμώνας

4.APRIL 11°
5.APRIL 4°
6.APRIL 13°
7.APRIL 8°
8.APRIL 10°

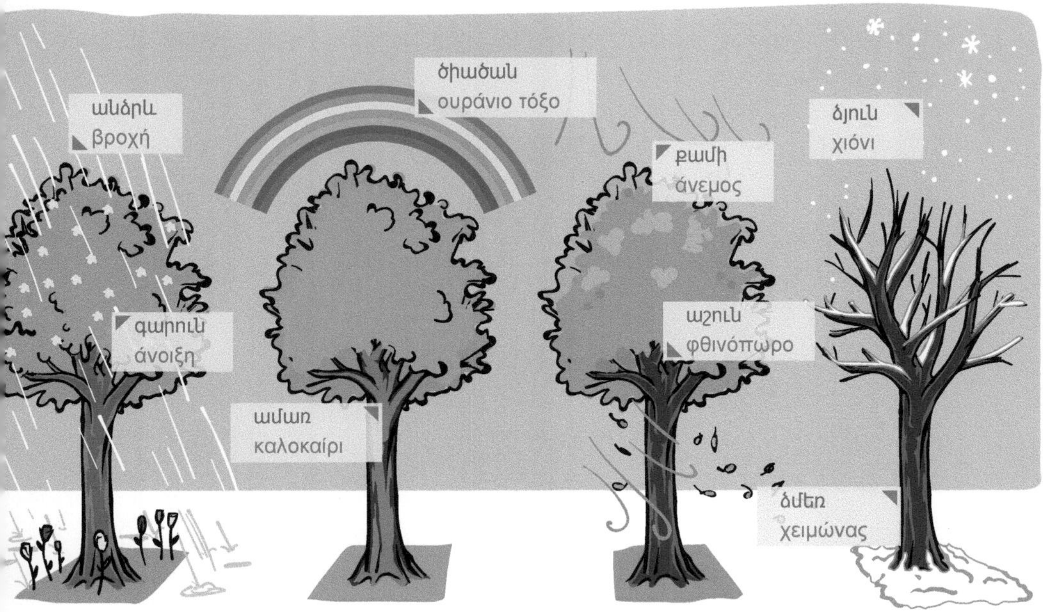

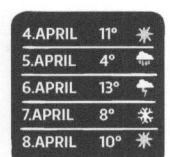

եղանակի տեսություն

πρόγνωση καιρού

F
C
120
90
60
30
0
-30
40
30
20
10
0
-10
-20

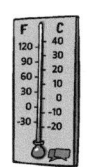

ջերմաչափ

θερμόμετρο

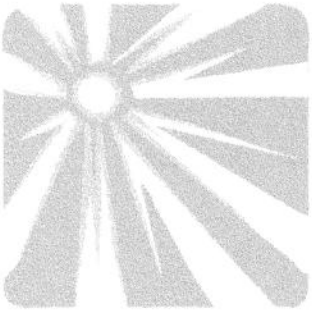

արևի լույս

λιακάδα

ամպ

σύννεφο

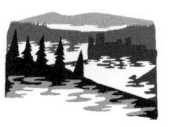

մառախուղ

ομίχλη

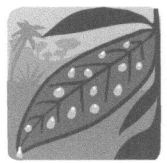

խոնավություն

υγρασία

կայծակ

αστραπή

որոտ

κεραυνός

փոթորիկ

καταιγίδα

կարկուտ

χαλάζι

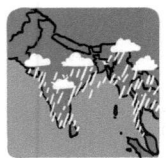

մուսոն

μουσώνας

ջրհեղեղ

πλημμύρα

սառույց

πάγος

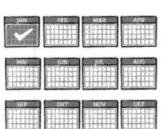

հունվար

Ιανουάριος

փետրվար

Φεβρουάριος

մարտ

Μάρτιος

ապրիլ

Απρίλιος

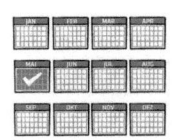

մայիս

Μάιος

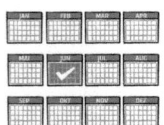

հունիս

Ιούνιος

հուլիս

Ιούλιος

օգոստոս

Αύγουστος

տարի - έτος

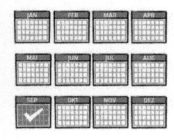

սեպտեմբեր

Σεπτέμβριος

հոկտեմբեր

Οκτώβριος

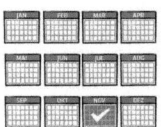

նոյեմբեր

Νοέμβριος

դեկտեմբեր

Δεκέμβριος

ձեւավորում

σχήματα

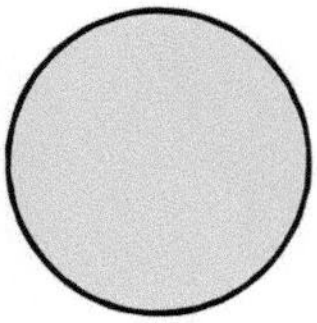

շրջան

κύκλος

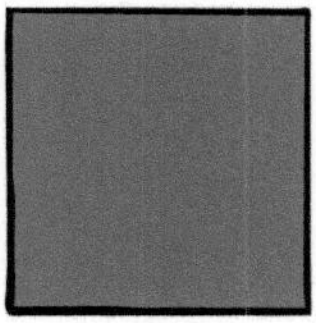

քառակուսի

τετράγωνο

ուղղանկյունի

ορθογώνιο παραλληλόγραμμο

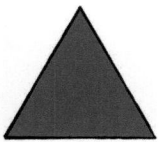

եռանկյունի

τρίγωνο

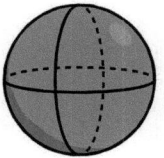

ասպարեզ

σφαίρα

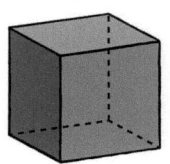

խորանարդ

κύβος

գույներ

χρώματα

վարդագույն

άσπρο

մոխրագույն

κίτρινο

դեղին

πορτοκαλί

մանուշակագույն

ροζ

կարմիր

κόκκινο

շագանակագույն

μωβ

կապույտ

μπλε

սև

πράσινο

նարնջագույն

καφέ

սպիտակ

γκρι

կանաչ

μαύρο

հակադիրներ

αντίθετα

շատ / քիչ

πολύ / λίγο

բարկացած / հանգիստ

θυμωμένος / ήρεμος

գեղեցիկ / տգեղ

όμορφος / άσχημος

սկսած / վերջը

αρχή / τέλος

մեծ / փոքր

μεγάλος / μικρός

պայծառ / մութ

φωτεινός / σκοτεινός

եղբայրը / քույրը

αδελφός / αδελφή

մաքուր / կեղտոտ

καθαρός / λερωμένος

ամբողջական / թերի

πλήρης / ατελής

օր / գիշեր

ημέρα / νύχτα

մեռած / կենդանի

νεκρός / ζωντανός

լայն / նեղ

φαρδύς / στενός

ուտելի / անուտելի

βρώσιμος / μη βρώσιμος

չար / բարի

κακός / ευγενικός

հուզված / ձանձրացրել

ενθουσιασμένος / βαριεστημένος

հաստ / բարակ

παχύς / λεπτός

առաջին / վերջին

πρώτος / τελευταίος

ընկերը / թշնամին

φίλος / εχθρός

լիքը / դատարկ

γεμάτος / άδειος

կոշտ / փափուկ

σκληρός / μαλακός

ծանր / թեթև

βαρύς / ελαφρύς

քաղց / ծարավ

πείνα / δίψα

հիվանդ / առողջ

άρρωστος / υγιής

անօրինական է / իրավաբանական

παράνομος / νόμιμος

խելացի / հիմարություն

έξυπνος / χαζός

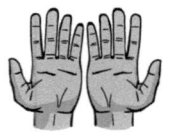

ձախ / աջ

αριστερός / δεξιός

մոտիկ / հեռու

κοντινός / μακρινός

Նոր / օգտագործվում

καινούριος / μεταχειρισμένος

ոչինչ / ինչ - որ բան

τίποτα / κάτι

ծեր / երիտասարդ

γέρος | νέος

միացնում անջատում

αναμμένος / σβηστός

բաց / փակ

ανοιχτός / κλειστός

ցածր / բարձր

χαμηλόφωνος / μεγαλόφωνος

հարուստ / աղքատ

πλούσιος / φτωχός

ճիշտ / սխալ

σωστός / λανθασμένος

անհարթ / հարթ

τραχύς / λείος

տխուր / ուրախ

υπημένος / χαρούμενος

կարճ / երկար

κοντός / μακρύς

դանդաղ / արագ

αργός / γρήγορος

թաց / չոր

υγρός / στεγνός

տաք / թույն

ζεστός / δροσερός

պատերազմ / խաղաղությունը

πόλεμος / ειρήνη

թվեր
αριθμοί

0	1	2
զրո	մեկ	երկու
μηδέν	ένα	δύο
3	4	5
երեք	չորս	հինգ
τρία	τέσσερα	πέντε
6	7	8
վեց	յոթ	ութ
έξι	εφτά	οκτώ
9	10	11
ինը	տաս	տասնմեկ
εννιά	δέκα	έντεκα

12

տասներկու
δώδεκα

13

տասներեք
δεκατρία

14

տասնչորս
δεκατέσσερα

15

տասնհինգ
δεκαπέντε

16

տասնվեց
δεκαέξι

17

տասնյոթ
δεκαεφτά

18

տասնութ
δεκαοκτώ

19

տասնինը
δεκαεννέα

20

քսան
είκοσι

100

հարյուր
εκατό

1.000

հազար
χίλια

1.000.000

միլիոն
εκατομμύριο

լեզուներ
γλώσσες

անգլերեն

Αγγλικά

ամերիկյան անգլերեն

Αμερικάνικα Αγγλικά

չինարեն մանդարին

Μανδαρίνικα Κινέζικα

հինդի

Χίντι

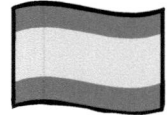

իսպաներեն

Ισπανικά

ֆրանսերեն

Γαλλικά

արաբերեն

Αραβικά

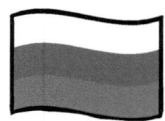

ռուսերեն

Ρώσικα

պորտուգալերեն

Πορτογαλικά

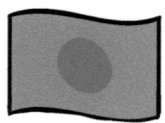

բենգալերեն

Μπενγκάλι

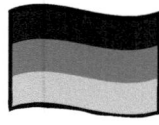

գերմաներեն

Γερμανικά

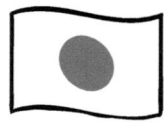

ճապոներեն

Ιαπωνικά

ես

εγώ

դուք

εσύ

Նա / նա /, որ դա

αυτός / αυτή / αυτό

մենք

εμείς

դուք

εσείς

նրանք

αυτοί / αυτές / αυτά

Ով է?

ποιος / ποια / ποιο;

ինչ?

τι;

ինչպես?

πώς;

որտեղ.

πού;

երբ?

πότε;

անուն

όνομα

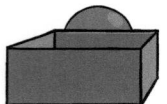

որտեղ

που

ետևում
πίσω

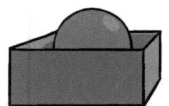

մեջ
μέσα

դիմաց
μπροστά

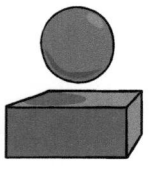

վրա
πάνω από

վրա
πάνω

տակ
κάτω

կողքին
δίπλα

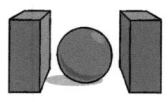

միջեւ
ανάμεσα

տեղ
μέρος